文庫ぎんが堂

怖すぎる実話怪談
亡者の章

結城伸夫
＋逢魔プロジェクト

イースト・プレス

まえがき

コロナ禍の中、引きこもり生活が続いています。

これが平安の時代ならば、これは疫病蔓延ということになり、怨霊の仕業ということになるんでしょうね。安倍晴明が生きていたら大活躍でしょうが、今の世はワクチンに怨霊鎮めの大役を期待するしかありません。

著者が携わる怪談ギョーカイ（笑）もめちゃ多難です。

怪談イベントの実施が無くなって、思いもせぬリモートでのネット怪談配信が盛況を究めているのが現状ですよね。これはこれで苦肉の策としてはアリやと思いますけど、やっぱり怪談は語り手と観客が場を同じくして、薄暗い照明の中で怪しく楽しむのがいちばんです。

しかし、こんな緊急事態宣言下でも、こうして今年も九冊目の『怖すぎる実話怪談』を上梓することができました。せめてこの本が怪談飢餓の一助となれば嬉しい限りです。

今回は摩訶不思議な出来事、絶対に遭遇したくない恐怖が中心になります。著者のポリシーとして、血みどろグロテスク系の話はほとんどありません。大谷のような時速１６０

km級の直球ではなく、変化球を多用しました。それによって、怪談エンタメのストライクゾーンが広がったかなと思います。

いずれにせよ、なんとシリーズ九冊目になる出版を早々と決定していただいたイースト・プレス社。そして、ずっとお世話になっている編集者の北畠夏影氏には改めて感謝感謝です。

みんながワクチン注射を打った物忌み明けの吉日に、読者諸氏とイベントなどで再会できる日を心待ちにしています。

逢魔プロジェクト主宰　著者　結城伸夫（雲谷斎）

怖すぎる実話怪談　亡者の章

目次

聴視

感情

特別寄稿

見えることを恨みたくなるモノと遭遇することがある。
網膜に投影するものすべてが、実在するものとは限らぬ。
すぐ傍まで、闇よりも深い何かが近づいて来ているのかも……。

庭のゾンビ

まだ小学生の頃、長野県に住む親せきの人からとてつもなく不気味な話を聞いた。

安曇野に白鳥が飛来するT沼というのがある。

沼は灌漑池として利用されているが、水深があり入水自殺の温床でもあった。戦時中は戦況の悪化を苦に、身投げをして亡くなった人も大勢いたと聞く。

当時はそんな事件が起きると、村の者や消防団が遺体を引き上げ、大八車に乗せて村へと運んで行ったそうだ。うちの母親も、その光景は目に焼きついていたらしく、ガスで膨れ上がった体には烏が啄んだ跡が無数にあり、痛ましい姿をしていたという。

その頃は祖父も祖母もまだ若く、村の青年団やらの役員をしていた。家は昔からの庄屋だったので、広い敷地の庭に莚(むしろ)を敷いて遺体の検分をしていた。

その庭は河川敷まで畦道で繋がっており、川伝いに行くとT沼に出る。身投げする人の多くは地区の者ではなく、遠方から命を絶ちに来るようだった。

またその畦道は村の生活道路、通学路にもなっていたので、幼い子供や足の悪い老人なども、誤って沼へ転落死することもあった。

そんなある朝のこと。

祖母は家の裏側の畦道が見える井戸で、桶に水を汲んで野菜を洗っていた。すると、河川敷の方から聞きなれない奇妙な音がする。何か柔かそうで、水気を含んだグチャグチャという音である。

(はて、何の音……?)

祖母はしゃがんだまま畦道の方を眺めてみたが、雑草などに遮られて何も見えない。新聞配達の人か、通勤する誰かかも知れないと思ったので、あまり気にも留めず洗い物を続けていた。その間も、妙に耳障りの悪い嫌な音は風にのって聞こえていた。

井戸の仕事も終わり、朝の支度をしようと祖母が立ち上がる。すると、さっきのグチャグチャ音の主の姿が見えた。

畔をゆっくり歩いて来て、まさに家の前の町道に出ようとしている。

その者は全身ずぶ濡れだった。着ている物は泥に汚れ、水を滴らせている。怖ろしいのは顔を確かめたときだった。

顔面の肉が腐乱して垂れ下がり、まるで煮こごりのように崩れかかっている。

先日、沼で上がった男だった。死んでいるはずの男が歩いている。

祖母は叫び声を上げるのを何とか抑え、井戸の脇の植え込みに身を潜めた。いま目にした光景が信じられなかった。植え込みの陰から、そっとそちらを見る。死体は左肩を極端に落とし、一歩進むたびにグチャグチャと音を立てて歩いていた。

祖母はそのとき、もう一つの恐怖に襲われた。

そいつがそのまま進んで行くと、家の裏木戸に入ることになってしまう。しかし、余りもの怖ろしさのために、わなわなと震えるだけで足が萎えてしまっていた。

古い家だから裏口はがらり戸になっていて、鍵もかかっていない。裏口を入ると台所があり、神棚のそばを上がると居間になる。居間には真空管ラジオを聴きながら、新聞を読む祖父がいるはず。また家には子供たちもいるので、家に入ったらとんでもないことになってしまう。

祖母が震えながら苦悶している間にも、そいつはグチャグチャと確実に家に近づいて来る。ぎこちなく歩を進める度に、ドロリと腐った皮膚が垂れ下がるのがわかる。

どうしようかと思っていると、町道の遠方から人が歩いて来るのが見えた。バス停もあるし、駅に近いところだからどこかに出かけるのだろう。二人とも顔馴染みの近所の人だった。

祖母はそいつに見つからないよう、震える足を鼓舞した。家を大きく迂回し、なんとか町道に出てその近所の人たちに加勢を求める。

近所の人たちは、祖母の真っ青な顔と尋常ではない素振りに驚いた。事情を知って、家の入口の方からそっと畔の方を覗く。すると、化け物と言ってもいい者がいる。

彼らも瞬間、固まってしまった。見たモノが信じられなかった。居間にいた祖父も、庭の入口にいる祖母と近所の人たちの只ならぬ様子に気づいた。いったい何事だと、居間の窓越しに畦道の方を見ると、そいつが歩いて迫って来ている。腰が抜けるほど仰天して、祖父もすぐに身を隠した。

グチャグチャと歩いて来たそいつは、庭を突っ切ろうとしていた。

こっちに気づいているのかいないのか、祖母や近所の人たちの、たった三メートル前を通り過ぎ、バス停の脇にある用水路にもなっている側溝に、まるで腐肉がグジャグジャと崩れるように嵌(は)まり込んで消滅してしまった。

家の者は、またそれが現れないよう住職を呼んで供養したそうだ。

ゾンビともいうべきそれだが、後日警察によって遺体は発見された。腐敗が激しかったが、検死の後遺族に返還されたという。

ただ、なぜそれが歩いていたのかは解明されていない。

投稿者　うなぎ犬（男性・山梨県）

コンクリート擁壁

お盆休みを利用して、私は会社の同僚四人と日本海へ海水浴に出かけた。

夜遅く会社を出発し、真っ暗な中国道を友人の運転でひた走る。高速道路を下りて、一般道の峠道に入った。急なヘアピンカーブを幾つも右へ左へとこなしていった。

ヘッドライトの灯りしか届かない漆黒の山中を、どのくらい走っただろうか。

時計の針は頂点で重なり、日付は翌日へと替わっていた。さすがに数時間も経つと、疲れと眠さで後部席の二人はスゥスゥと寝息を立てている。

単調なドライブが続いていたが、私は運転する友人の様子がおかしいことに気づいた。今まで運転しながら、カーオーディオの音楽に合わせて歌っていたのに、急に静かになった。歌の途中で無口になり、黙ってしまったのだ。

それだけではない。車が少しずつ蛇行するようになっていた。どうしたのかと隣を見ると、友人は目を瞑ったままハンドルを握っている。居眠りというより、ユラユラと何かに憑かれたようにトランス状態に陥っているようだった。

友人を起こそうとした瞬間、車は左側に吸い寄せられるように流れていった。山側のコンクリートで固められた擁壁がすぐそこに迫っている。危ないと思ったとき、歩道の段差に接触して、ホイールがガリガリと音を立てた。

友人はハッと目を見開き、慌ててハンドルを右側に切った。ようやく正気に戻ったようで、大きく息をしながら車を路肩に停める。幸いにも、左前輪のホイールが少し傷ついた程度で済んだ。

いや、車は少しの傷で済んだのだが、じつは私は左側の擁壁に異様なモノを見ていたのだ。それはこんな山の中では有り得ないモノで、目の錯覚だと思っていた。するると、運転中正気ではなかった友人が私にこう訊いてきた。

「間違ってたらゴメンやけど……。さっき左側の壁の所に、赤ちゃんを抱いた女が立ってなかったか？」

「見えたのか？　お前も……」

私が瞬時目撃したものと同じだった。

ただ、正確に言うと立っていたのではない。コンクリートの壁から、ゆらりと幻のように浮かび上がっていたというのが正しい。路上に立っているにしては遠近感が無かったし、余りにも不自然な位置だったと記憶する。私と友人は背筋を凍らせて、すぐにその場から走り去った。後部席で寝ていた二人はきょとんとしているだけで、その後は何事も無く朝を迎えた。海水浴を楽しんで無事に帰ることができたが、友人はその時から霊の存在を信じるようになった。

投稿者　シュガーアメジスト（男性）

居候

私は元北海道警察官で、すでに早期退職をしている。

これは現職のときに遭遇した奇妙な事件。


それは平成四年の夏。私の住むS郡の小さな町でのこと。

ある日の午前、四十代半ばの一人暮らしの田中（仮名）さんという女性から一報が入った。受話器を通して元気のない、少し弱々しい声が届いてくる。

『知らないお婆さんが部屋にいて困っています。連れて行ってください』

というのだ。

私は通報内容から認知症の迷い老人ではないかと思い、すぐに田中さん宅に向かった。

田中さんの住まいは、築三十年以上の古い木造アパートの一階。アパートに着いたが、アパートの前には、それらしきお婆さんはいない。

私が着くや否や、待っていたかのようにアパートの玄関から田中さんが出てきた。見るからに元気がなく、落ち込んだ様子の田中さんに「こちらです」と部屋に招き入れられた。

この時点では、私は田中さんは迷い老人を部屋に入れて保護してくれている親切な人だと思っていた。

田中さんの部屋は、玄関を入ると八畳の居間と奥六畳和室の二間続き。ボロボロの壁紙が気になったが、家具などは少なく、奥の仕切りの襖も開けられていて広々とした感じがした。

そのお婆さんというのは、田中さんの話だと七十歳代に見えるらしい。

驚いたことに、このアパートに入居した数ヶ月前から居るという。髪は白髪できちんとまとめており、いつも着物姿で品はいい感じがする。何の感情も読み取れない表情で、正座したままじっとして動かない。昼夜を問わずそこに居ることが多いが、姿が見えないこともあるらしい。そして黙って座っているだけで、特に悪いことはしないという。

事前にそんな情報を得ていたが、どの部屋にも私と田中さん以外誰もいない。

「お婆さんは、トイレか?」

そう思ったところ、突然、田中さんが誰もいない奥六畳の真ん中辺りの畳を指さした。

「このお婆さんですよ。私が何を言っても出ていかないの。連れて行って!」

突然、大声で怒鳴り、興奮状態に激変した。

溜まり溜まった感情が爆発したような感じだった。

私は戸惑いながらも、もしかしたらと思った。

というのも、田中さんは霊感体質があると自覚していたからだ。

「ちょっと待ってくださいよ」

冷静に田中さんを制して、気になっていたボロボロの壁紙を少しめくって中を覗いてみた。

確証はないが、妙な予感がしたのだ。予感は当たった。壁には明らかに古い血痕と思われる黒いシミが点々と残っていた。

最近のものなら事件の可能性もあるが、どう見ても相当の年月が経っている。田中さんが「見る」というお婆さんとの関連もわからない。いやその前に、私にはそんなお婆さんの存在を確かめることができなかった。

私は田中さんに諭(さと)すように言った。

「田中さん、申し訳ありませんが、これは警察の管轄外のようですね」

穏やかにそう差し向けたところ、私の様子を見ていた田中さんは納得したようだった。

一気に表情が和らいだ。

「そうですよね。すみません。今日は何だかカリカリしていて。だけど、お巡りさんにわかってもらえたようで良かったです」

そう言って、やっと落ち着きと正気を取り戻した。

投稿者　カクモリ（男性・北海道）

獲物

その頃、山梨県の甲府で昼夜交代勤務をしていた。

明け番の日は散歩することが多かった。甲府はワインの産地でもあるため、葡萄などの畑が一面に広がる農道をのんびりと一時間ほど歩くのが常だった。


秋の日本晴れの昼過ぎ、いつものようにのどかな道を歩いていた。

周囲は一面の畑が広がっていたが、農作業をしている人は誰もいなかった。散歩コースになっている農道を歩いていると、私の背後から話し声が近づいて来る。ビニールハウスに隠れて誰かはわからなかったが、複数の女の声だった。一定の間隔を保ったまま、前後になって進んでいた。

別に気にすることもなかったが、十字路にあるカーブミラーを見ると、甲府にある商業高校の制服を着た女の子が二人、かなり後ろから付いて来ているのが映った。

私が気づくと同時に、彼女たちも前方に私がいることがわかったようだった。すると、何か用でもあるのか、早足に距離を縮めてくる感じがあった。

ただその時、私にはちょっとした違和感があった。

真昼間の平日である。高校生ならまだ授業のはずだった。おおかた授業をサボッて抜け出して来たのだろうと思った。

彼女らには構わず、私は道なりに右に曲がって、工場がある方へ進んだ。背後から彼女たちの話し声が聞こえてくる。その断片を聞いて驚いた。いや、ゾッとした。

「今、獲物が右に入ったぞ……」

獲物？　獲物って私のことか？　心なしかヤバイという感じがした。

気味が悪いので、私は足を早めた。もしかしてヤンキーとかいう性悪かも知れない。工場の敷地の脇に農作業の小屋があった。その横に回り込み、息を殺して身を潜めた。

追いついてきた彼女たちは辺りをキョロキョロ見渡して私を探している。その挙動は女子高生という印象はなかった。荒々しい獣のようだった。

「くそっ、今日の獲物は足の早いヤツだな」

悪態をつくその言葉は若い女の使うものではなく、オヤジのような太い声だった。

私は耕運機に隠れるようにして様子を窺っていた。彼女たちはしつこく私が消えた辺りを鋭い目で探索している。まさに肉食動物に追われる小動物のような気分だった。

やがて、二人組の一人が耕運機の陰が怪しいと思ったのか、逆三角の吊り上がった目をして睨んでいる。見つかるのは時間の問題かと覚悟した。

その時だった。私に救いの手が差し伸べられた。

農道の方から軽自動車が近づいて来るエンジンの音がした。狭い道だったので、彼女たちはあたかも身を避ける格好で路肩に並んだ。その際の表情は、あたかも普通の女子高校生面に戻っており、ニコニコしながら去っていった。

私は物陰より彼女らの一部始終を観察していた。その変貌ぶりに唖然としながらも、まだ恐怖心は癒えてなかった。しばらくそのまま身を潜め、もう大丈夫だろうと確信してから農道に戻った。軽自動車は遥か遠くに去っていく。得体の知れない彼女たちが去った方向を眺めても、一本道の農道にはどこにも人の姿はなかった。

結局、あれが何だったのかはわからない。それにしても、獲物とは……。

投稿者　うなぎ犬（男性・山梨県）

鏡幻影

鏡があまり好きではない。

そして、私の部屋には鏡がない。

もちろんメイク時には鏡を使うし、手を伸ばせば届くところに折りたたみの鏡は置いている。でも、それが開いているのは私が使っているときだけ。

正確に言うと、私が意識して鏡に映るのはかまわない。メイクとか髪を直すとか。ただ、私が無意識のうちに鏡に映っていることが、嫌なのだ。なぜ？　と問われると答えは一つ。

何かが映るから……。


いちばん初めは小学生の頃だった。

母が嫁入り道具として持ってきた古い三面鏡。私もお化粧というものにちょっと興味を持ちはじめていた。よく母の三面鏡を覗いていた。左右の鏡を平行にすると、幾重にも私の姿が増殖している。それが面白くてよく遊んでいたのだが、暗い部屋の中で無限に存在する私の分身を見ていたとき、ふと見えてしまった。右も左も、霞んで見えなくなる先まで私が映っている。

その永遠に連なる私の顔のずうーっと奥に、居た。


なぜか後ろ向きの黒い頭がひとつ、そこに……。

もし、それが後頭部なのだとすれば、後頭部と顔が交互に連なるはず。ところが、それは後頭部のみ。誰のかわかるはずのない真っ黒の頭が一つ、ポツンと遥かな鏡の重なりの奥に居たのだ。

それから私は二度と三面鏡は覗かなくなった。


その次は高校生のとき。

体育館には大きな全身鏡がある。普段は扉の中に隠されているが、扉を開くと大きな鏡が現れる。何のためにそんな大層な仕掛けにしてあるのかは知らないが、体育館に入った時、閉め忘れなのか開いたままになっているとギョッとすることもある。

あれは夏合宿の夜だった。真っ暗な体育館に照明を点けるため友達と二人で入った。電気室でスイッチを入れても、徐々に明るくなるので時間がかかる。まだ館内が薄暗い間に電気室を出た。ふと横を見ると、鏡の扉が開いていた。反射的に鏡を見る。映っていたのはジャージ姿の私、友達、そしてもう一人、制服の女の子。季節は夏。それなのに冬服だった。えっと思って後ろを振り返る。誰もいない。

それからは、体育館に入ると必ず鏡の扉を閉めるようなった。

次に起きたのは三年前。

バイト先の飲食店のトイレの鏡だった。この客用のトイレの清掃が嫌だった。というのもそのトイレは怖かったから。古臭くて薄暗く、何か良からぬものが潜んでいるような気がしていた。そして、ただでさえ怖いのに、ついに見てしまった。

ゴミを集めてふと顔を上げた。目の前の鏡に私の姿が映っている。視線を外そうとしたとき、天井から黒い塊が落ちてくるのが映った。

ビタッ！　私の首のすぐ後ろでそれが落ちた空気の動きを感じた。何かはわからない。柔かいけど、重いものが落ちてきたのだけはわかった。恐る恐る振り返ってみる。やはり、床にも何もない。

その後、私はすぐにバイトを辞めた。

そして、今年も……。

私は部屋の折りたたみの鏡をそのまま出しっ放しにしていた。うたた寝をしてしまったのだ。辺りが薄暗くなってきた頃目覚めた。ぼんやりとしたまま起き上がったとき、その鏡が視界に入った。

(あ、しまった、出しっ放しだ……)

何も考えず、たたもうと思って鏡に手を伸ばす。

そのとき、ふと気づいた。何かが、おかしい……何かが、足りない……。


鏡に伸ばした私の手が映っていなかった。


ハッと思って伸ばした手を引き、後ろから鏡を伏せた。

だから、私は鏡が好きじゃない。嫌いではないが、好きではないのだ。

投稿者　みち(女性・埼玉県)

祖父の遺影

本家の跡取りである従兄弟が、久しぶりに自宅へ遊びに来た時のこと。

話の流れから私の祖父の話題になった。


発端は身内の葬式に出るため、宮崎に帰ったときのことになる。

滞在中、私は本家の仏間の隣の部屋で起居していた。葬儀は滞りなく行われ、いよいよ帰ることになった日の朝。仏壇に線香を上げて拝んだ後、何気なく仏壇の上の方を見た。

そこには田舎の家によくあるように、亡くなった祖母と祖父の遺影が鴨居の上に飾ってあった。


（へえ〜。この人がオレの祖父さんかぁ……）

祖父は、私の父が小学三年生の時に亡くなっているので、もちろん会ったこともない。

遺影の祖父は、留袖姿の祖母に合わせるように正式な羽織姿だった。角刈りのごま塩頭に、父にそっくりな面長の顔。面影もどこか父に似ていた。

初めてじっくりと見る祖父の顔だった。記憶に刻んでおこうと、五分以上じっと遺影を見詰めていた。

そして話は、先日本家から遊びに来た従兄弟との会話に戻る。

「……そう言えば」

と、私は葬式の日に、初めて祖父の遺影をじっくり見たことを話した。

すると、意外な反応。

「えっ？」

従兄弟夫婦は揃って、鳩が豆鉄砲食らったような表情になる。

「なんだ、どうした？」

こちらも怪訝に思って訊ねた。

すると、信じ難いことを言いはじめる。

「いやいや、仏間には祖父さんの遺影は無いよ。祖母さんだけだよ。そもそも我が家にはなぜか祖父さんの写真は一枚も残ってないんだ。俺も祖父さんの顔は知らないんだ。写真も無いしね」

今度はこっちが「えっ？」と言う番だった。

「いや、そんなはずないよ。俺、確かに見たよ。祖母さんの右側に並んで飾ってあった」

私はそう言い張ったが、従兄弟は苦笑しつつはっきりと否定する。

「いや、マジで写真なんて無いって。ずっとその家に住んでるオレたちが言うんだから、間違いないよ」

何を言ってるのだという風に、首を何度も左右に振る。

奥さんも同じように、苦笑しつつ首を振っていた。

「はぁ、それじゃ俺が見たのはナニ？」

「そりゃ祖父さんの幽霊だわ。たぶん兄ちゃんのこと、脅かさないようにそんな姿で出てきて見せたんだと思う」

仕事上も、怪奇体験を山ほどしてきている従兄弟はサラっと流した。

ということは、私は祖父の幽霊と五分以上目を合わせていたことになる。

幽霊というものは、色んな形を取って出てくるんだなぁと思った体験である。

・

投稿者　古川新吾（男性・愛知県）

天国へのエスカレーター

高校を卒業して一年ほど経った頃だろうか。

あの不思議な体験から、私の中に説明のつかない何かが芽生えたのは……。

その日、テニスクラブの帰りに、友人と地元の駅ビルに寄ることにした。

同級生だったアキ（仮名）が勤めていることもあった。ウインドウショッピングでもしようと、友人とエスカレーターに乗った。その瞬間だった。フワ～っと線香の匂いがする。

あまりにも場違いな匂いだったので、怪訝に思い友人に訊いてみた。

「ねえ　お線香クサくない？」

その時は、臭いと感じるほどになっていた。

しかし、友人にはまったくわからない様子。何で私だけに？　とは思ったが、それほど気にはしていなかった。匂いを感じた直後、偶然にも同級生だったマリ（仮名）が、数人の仲間と一緒に歩いているのが少し遠目に見えた。

「あ、マリちゃんだ！」

そう呟いて見詰めていたのだが、私たちのエスカレーターは上の階へ昇っていく。

大声出して呼び止めることもないので、まぁいいかと見送った。エスカレーターを降りて目的のファッションフロアをぶらぶらと歩く。

アキが働いている店もこのフロアにあるのだが、とりあえず通り過ぎようとすると、アキが店の前に立っていた。まるで、私を待ち構えていたようなタイミングに驚いたが、アキはもっと衝撃的なことを言い放った。

「マリが死んだよ！」

「え？　何言ってんの？　さっきここで見かけたばかりだよ！」

そう抗弁したのだが、アキは冷静に諭すように亡くなった理由を告げた。

マリは早く結婚をし、すぐに妊娠した。しかし、出産時に難産となり帝王切開をすることになった。麻酔をかけて手術となったのだが、なんでもその時に医療ミスがあったのか運が悪かったのか、赤ちゃんは助かったが、マリは助からなかったという。

私は信じがたい思いで経緯を聞いていたが、楽しそうに歩いていたマリの姿が脳裏から消えることはなかった。

私は美人だったマリに憧れていた。

だから、悲しい報告は大変なショックだった。そのせいか、その夜の夢に彼女が出てきた。夢の中で、私は上りのエスカレーターにマリと一緒に乗っていた。彼女はニコニコと幸せそうに笑みを浮かべていたが、終始無言のままだった。

すると、上へ昇り続けるエスカレーターの角度が次第にきつくなり、私は一緒に乗っていることができなくなる……という意味ありげな夢だった。

線香の匂いといい、エスカレーターの夢といい、マリは亡くなったことを私にちゃんと知らせたかったのではないか、と思う。

そして、あの夢は天国へと昇るエスカレーターだったのかも知れない。

投稿者　スンスン（女性・千葉県）

壁の向こう側

大阪市のA区に、親しくしているライブハウスのマスターが住んでいる。まだマスターが若い頃、五人編成のバンドを組んでいた。ある夜、バンドのことでいろいろ話し合うことになった。

仕事の後に集まったので、時間は九時頃だった。マスターの地元の大きな公園の前に車を停めて、みんなで真剣に話し合っていた。

公園の歩道や広場が、園内に点在する街灯にぼんやりと照らされている。奥は鬱蒼とした樹木が茂り真っ暗だった。そんな公園の中で、小さな男の子が一人、三輪車でグルグル走り回っていた。

これが深夜だったら、なんで、こんな時間に子供が遊んでいるのだということになるが、夜とはいえ、九時頃だからさほど不自然な時間でもない。近所の子供かも知れなかった。

彼らは話しながら（ああ、子供がいるなぁ）と、特に気にする風もなく見ていた。ところが、ある瞬間五人が一斉に「おい！」と叫んだ。

公園の真ん中に、ちょうど公園を半分に仕切るような感じで、レンガのブロックを積んだ壁がある。

その壁の中に、男の子が三輪車ごとズボッと入っていったのだ。


「いまの見たか？」

「見た、見た、見た！

「壁の中に入っていったよな！」

車内は騒然となった。

マスターは自分の住んでいる地元の公園なので、とりわけ恐怖を覚えた。壁の向こう側に何があるかを知っていたからだ。

黙っている訳にはいかず、マスターはみんなに恐る恐る打ち明けた。

「おい、お前らは知らんやろけど、あの壁の向こう、お墓やで……」

その一言でみんなは悲鳴を上げた。

車内は軽いパニックに陥った。

もう話し合いどころではなくなり、一目散にその場を逃げ去った。

その時のバンドメンバーとは、いまでも同窓会みたいに顔を合わせることがある。

みんなに会う度にこの時の話が出る。

「あれは、マジ怖かったよなぁ」

いいオヤジになった今でも、あの時の恐怖が蘇るという。

投稿者　ひろみつ（男性・大阪府）

戦友たち

私は元警察官で、知床のウトロ側を管轄する斜里警察署に勤務していたことがある。あれは平成四、五年の十月末だった。

観光シーズンも終わり、町の雰囲気も一気に寂しくなっていた。もう冬ごもりの準備をしなければいけない季節が訪れていた、ある日のこと。午後十一時頃、管内居住の浅田（仮名）さんから、警察署に通報があった。

「JR知床斜里駅前で、駅前レストランの社長が何やら揉めていて、すごく険悪な雰囲気なので行ってほしい」とのこと。私は同僚とパトカーで向かった。

駅前は最終列車も終わっているので、人や車の通行はなく、駅舎の灯りも消えている。辺りが暗い中、自販機だけが煌々と明るい光を放っているだけだった。

通報のとおり、駅前レストランの社長はいたが、見た感じ七十代半ばの細身のお爺さんと談笑しているだけ。お爺さんは田中（仮名）さんというらしい。

それでも一応、事情を聞いてみた。

「引っ掛かって、なかなか出てこなかった飲み物を自販機からやっと取り出して、それからそこにいた田中さんと気が合ったので、話し込んでいただけですよ」

確かに揉めているような様子はない。

恐らくは缶が取り出しにくかったので、悪態をついていただけかも知れないと思った。

ただ、気になったのは田中さんの方だった。

気温五度以下という寒さの中、薄いポロシャツ一枚の普段着である。車で来ている様子もなく、何の荷物も持ってない手ぶらの状態なのだ。どう見ても、地元の人とも観光のお客さんとも思えなかった。


さらに田中さんから詳しく事情を聞くと、今日急に思い立って東京から来たという。さっきの最終列車で来て、すぐ駅から追い出されたとか。自身はこんな寒空でも、昔、軍隊で鍛えたから野宿でも大丈夫だと無茶なことを言う。

しかし、さすがに零下の気温では、装備なしの野宿は無理と思われたので、取りあえず警察署まで同行してもらうことにした。

警察署から東京の田中さんの自宅に確認の電話をすると、娘さんが出た。

「えっ！　今度は北海道の知床ですか？　この前も九州の警察から電話ありまして、気をつけてはいたんですが……」

驚きと共に、恐縮そうな声で娘さんが謝る。

さらに娘さんは続けた。

「あのぉ。うちのお爺ちゃん、完全にリタイアしてから放浪癖が出てきまして、本当にもう、全国各地の警察から、今まで十回以上は電話をいただきまして、正直、困ってるんですよ。寒くて野宿が無理というなら、お金は持っているはずなので、旅館の方だけお願いできますか？」

申し訳なさ半分、お爺さんへの怒り半分の声が受話器からびんびんと返ってくる。

娘さんとの電話のやり取りが終わると、今度は田中さんがまるで軍人ような口調で、決然と話しはじめた。

「わしだけがのうのうと暮らしていては、亡くなった戦友たちに申し訳ない。わしは野宿でいいんだぁ！」

酔ってもいないのに、半べそを掻きながらゴネ出したのだ。

それから二十分ほどかけて説得し、紹介した旅館に泊まってもらうことになった。これで田中さんの取り扱いは終了したのだが、疑問が一つ残った。

到底揉めごととは思えないのに、なぜ切羽詰まった通報があったのか？　という点。

翌日の昼過ぎ、残務整理を終え、帰宅しようと警察署を出たところで通報してくれた浅田さんと出会った。

私を認めると浅田さんは、ちょっと興奮ぎみに尋ねてくる。

「ああ、昨夜の事、どうなりました？」

詳しい事情は伏せて説明した。

「相手の方は、最終列車で来た観光のお客さんで、旅館を紹介してあげました。通報、助かりました。ありがとうございます」

そう礼を述べたところ、浅田さんは訳のわからないことを言う。

「えっ？　映画監督とかではないんですか？　だって、駅前レストランの社長は、兵隊さん役の人たちに取り囲まれていましたよ。険悪な雰囲気に見えたし。あれは映画のロケじゃなかったんですか？」

その昔、渥美清主演の『男はつらいよ　知床慕情』という映画ロケが当地であった。浅田さんはそのときの記憶が鮮明だったので、またロケをやっているのかと思ったというのだ。浅田さんには社長がエキストラの兵隊たちに取り囲まれ、何か揉めているように見えた。そこで慌てて通報したというのが真相らしい。

つまり、浅田さんの目には何人もの兵隊たちが見えていた、ということか。

もしかすると田中さんは、自分だけが生きて帰国したことに申し訳なさを感じていて、今も全国各地、鎮魂の行脚をしているのかも知れない。

それに反応して戦死した戦友たちが時折り現れるのだとしたら、辻褄は合う。

投稿者　カクモリ（男性・北海道）

おっかねぇ顔

その訃報が来たのは秋も押し詰まった頃だった。

亡くなったのは、明子（仮名）の主人の従妹。名前はあえて◯子としておく。


主人の実家からの電話は衝撃的だった。

「えっ。あの人って、まだ若いじゃない」

「そうなんだけど……自殺だってよ」

明子は主人の実家には、年に一回行くか行かないかという程度。亡くなった◯子と頻繁に顔を合わせていたわけではない。ただ、明子とは比較的歳が近かったので、向こうに行った時はよく話をしていた。

主人の実家は東北でも北の方にある山村。慌ただしく二人は通夜に出かけた。覚悟はしていたが、東京で生まれ育った明子にとって北の寒さは想像以上だった。

ただ、その寒さは駅に迎えに来てくれた主人のいとこ正男（仮名）から、◯子自殺の経緯を聞いたことも大きかった気がする。

「農薬！　農薬を飲んだのか」

「農薬って、とんでもないくらい苦しいんだろ？」

「ああ、苦しいも何も……農薬ってよ、死ぬまで何日も意識がハッキリしてるらしいよ。○子も五日間というもの苦しみぬいて、やっと死んだらしい」

農薬自殺をした○子の家は、寒々しい山村の風景の中にぽつんと建っていた。

曇天の晩秋というすべてが色を無くす風景の中、林を曲がった所に葬式の装いを纏った家があった。家の前に灯る提灯はおぞましく、思わず粟立つものがあった。
○子の家も農家だったので大きかった。中に入ると薄暗い土間に裸電球がひとつ点いている。座敷の障子は開けっ放しになっていて、知った顔知らない顔の親戚たちが集まっていた。
すべての襖を取っ払って続いている座敷のいちばん奥に、顔に白い布をかけられた○子の遺体があった。親戚たちに一通りの悔やみの挨拶をしていると、遺族が明子たちを奥まで導いてくれる。

「さ、○子にお線香あげてくれよ……」

永眠している○子を前に言葉がなかった。

ただ線香をあげて祈るだけだった。○子の父や兄は顔を伏せ、肩を震わせている。駅に迎えに来てくれた正男は大きくため息をつき、思い切るように○子の父と兄に向き直った。

「いったい何で……？」

「うん……」

肩を震わせたまま、父も兄も言いよどんだ。

「すみません。でも、俺、○子とは子供の頃よく遊んでたもんだから……。あの、顔見させてもらっていいですか？」

うつむき加減に話していた父と兄の顔が狼狽した。

「話は聞いてるんだよなー」

「ええ……ある程度は」

正男の目を○子の父は一瞬ぐいと覗きこんだ。

「情けないけどな、○子はよぉ、おっかねぇ顔になっちまったんだよ。それでも良けりゃあ、お前からも○子に別れの言葉をかけてやってくれ」

ひとつ息を吸い込んでから、正男は顔にかかっている白い布を持ち上げた。

（うわっ！）

白い布の下から現れた顔は、仲が良かった○子の面影は一片もなかった。

そばにいた明子も主人が両肩を掴んで制止する間もなく、その顔を一瞬見てしまった。

あまりの異形の表情に、声も出なかった。息を呑んだっきり、しばらくそのまま固まってしまう。目にはその怖ろしい形相が完全に転写されてしまった。


「おっかねぇ顔になっちまったんだよ」という父親の一言とともに……。


長い通夜が終わった。

通夜が終わっても、線香を絶やすまいと親戚の者は遺体が眠る座敷の奥に行くのだが、誰もが線香を替えるが早いか足早に戻って来る。

明子は遺族に申し訳ないと思いつつも、怖くて怖くて堪らなかった。できるなら、一刻も早くこの家から立ち去りたいと願っていた。

「明日の葬式の準備があるから、今夜のところは、女たちは子供を連れて家に戻れ」

親戚一族の長がそう言った。

内心ほっとする気持ちを隠して、明子も主人の実家に戻ることとなった。

「大丈夫？　朝早くからこっちへ来たもんだから疲れてるんじゃない？」

一緒に通夜を辞すことになった、親戚の誰かの奥さんの晴美（仮名）が声をかけてきた。

晴美の後ろに隠れるようにして、子供たちが怯えきった目でこっちを見ている。○子の顔は見てないのだろうが、大人たちが話している内容から想像はつくのだろう。

家を出ると外は真っ暗だった。

山村はすっかり真冬の夜気に包まれていたが、明子は今まで居た場所よりまだましだと思った。たぶん、子供たちも同じなのだろう。家の中にいた時は、どの子も一言も話さなかったのに今は子供同士でボソボソとしゃべっている。

何人ものお母さんたちとそれぞれの子供が一緒に夜道を歩いていた。その中にまだ結婚していない映子（仮名）という若い女性もいた。その映子が「あっ！」と小さな声を上げたのは、歩き出して五分も経ってない頃だった。

「もう、驚くじゃない、急にそんな声上げて」

晴美がちょっと怒ったような口調で諭すと、映子はみんなに照れ笑いしながら謝った。

「私、あの家に忘れ物しちゃったの。ちょっと待っててね。すぐ取って来るから」

そう言うなり映子は来た道を走って戻っていく。

みんなが見送っていると、桑畑の影に後ろ姿は消えた。

「映子ちゃん、さすが若いわねぇ」

ダッシュで走り去った映子の残像に、みんなは笑みを浮かべていた。

と、その時。

「キャァァァァァーッ！」

桑畑の向こうから夜の帳を切り裂くような悲鳴が聞こえた。

尋常ではない叫び声に、その場にいた全員が冷水を浴びせられたかのように凍りついた。

言葉が出ないまま、みんなはそれぞれの顔を見合わせる。

パニックになる寸前、晴美が気丈に言った。

「明子さんは私と来て。あなたは子供たちをお願い！」

もう一人のお母さんにそう言うと、明子の腕を掴み、悲鳴の起きた方へ小走りに走りだす。恐怖なのか寒さなのか、掴んでいる手は小刻みに震えている。その連鎖反応で、明子も膝まで震えていた。

桑畑の先で二人の目に飛び込んできたのは、道の真ん中で倒れている映子の姿だった。

「映子ちゃん！　どうしたの？　大丈夫？」

意識を失っている映子を抱え上げた二人は、体を揺らし頬を叩いたりして覚醒させようとした。やがて、映子はうぅう、う〜んと唸って体をよじった。

「映子ちゃん！」

「気がついた？　映子ちゃん！」

二人の声にぼんやり薄っすらと目を開ける。

しかし次の瞬間、キャーッ！　と悲鳴を上げ、二人から逃げ出そうとするかのように、激しく抵抗する。

「映子ちゃん、私よ！　大丈夫だから、落ち着いて！」

しばらく狂ったように叫び、激しくもがいていた映子だったが、やっと二人のことがわかったのか、今度はわーっと叫んでしがみついてくる。

だが、何があったのかを訊いても、映子は抱きついたまま胸に顔をうずめて泣きじゃくるばかりだった。

少し離れたところで子供たちも不安そうな顔をしている。このままでは動きが取れない。もう一人、子供たちの面倒を見ているお母さんが、機転をきかせて車で迎えに来てくれるよう正男に携帯をかけてくれた。映子は車でその人の家に運ばれていった。

家に迎え入れられても、しばらく映子は泣き叫んでいたかと思えばすすり泣き。すすり泣いていたかと思えば、今度は悲鳴をあげて泣き叫ぶを繰り返した。

何があったのか訊いても、泣いて首を振るばかり。何ひとつわからないまま、映子はさすがに泣き疲れたのか、なんとか布団で眠った。

そんな不穏な夜がやっと明け、東の空に陽射しが見えた。

日が昇り、葬儀にはみんな一緒に行こうということになった。

本来なら、女性たちはすぐにでも○子の家に行って、いろいろ手伝いをしなければならない。しかし、誰一人腰が上げられなかった。もちろん、昨夜の不可解な騒ぎもある。ただ、それ以上に本能的な恐怖の感情に支配され、明子たちを動けなくさせていた。さらにおかしなことがあった。葬儀の日の朝だというのに、○子の家からは「早く、手伝いに来い」という催促がまったくない。そのことが、今回の事の異常さを端的に現していた。

葬儀にはみんな一緒に行こうということなのか、映子がまだ眠っているその家に、晴美たち女子供はみんな集まっていた。すると、そこに車を出してくれた正男たち、男二人が戻ってくる。準備が一段落したのか、女子供たちの様子を見にきたのか、○子の家にはいたくないという気持ちなのかはわからない。

その正男が渋茶を飲みながら、信じがたいことを吐露した。

それは昨夜、車でパニックになっている映子たちを送って、また○子の家に戻ったときのこと。道路から広い庭に車を停めようとスピードを緩め、ハンドルを切っていた。

後ろには弟が同じように車でついてきている。

ヘッドライトが街灯もない真っ暗な道路から家の敷地の方に流れていく。

その時だった。

家の前を歩く誰かを、ヘッドライトの灯りが一瞬とらえた。

絶対有り得ないことだが、それは○子だった。死んだ○子が、鉢合わせするかのように車の前に現れたのだ。


怖ろしい苦悶の形相のまま、とぼとぼと歩いている。


正男はあまりものの恐ろしさに、粟を食って車を急発進するように庭に突っ込んで停めた。もう一台の車から飛び出してきた弟も血相変えている。

信じられないまま、逃げ込むように○子の家に入った二人を待っていたのは、みんなの引き攣った顔だった。

「お前らも、見たのか……?」

その一言にすべてが込められていた。

正男たちは、その時は何も知らない女性たちにその事実を伝えるべきか、ずいぶん迷った。結局、あえて何も知らせない方がよいという結論になったらしい。◯子の遺体は、奥の座敷で白い布を被せられたまま横たわっている。そのことが、説明のつかない恐怖としてみんなを金縛りのように座敷に閉じ込めた。

誰もしゃべろうとしない。とにかく、朝を待とうということになった。

そんなおぞましい話を明子たちは聞かされた。

こちらも映子の狂態を目の当たりにしていたので、正男たちの話を茫然と受け止めるだけで、真偽のほどを確かめる判断さえ拒んでいた。

部屋の隅では、映子が疲れ切って眠っている様子だった。早暁にやっと眠ったという映子を気遣って、正男たちも小さな声で話していたのだが、もしかして映子は覚醒し、聞こえていたのかも知れない。

かすかな声の後、わーっと叫ぶように泣き出した映子の声にみんなは飛び上がった。

しゃくり上げながら映子が語ったこと。それは余すところなく、真実を伝えていた。

それは昨夜、映子が忘れ物を取りに◯子の家に戻ろうとしたとき。

「ちょっと待っててね！」という言葉を残して映子は駆け出した。

映子の目に映るのは桑の木が一面に広がる畑。剪定されてごつごつとした幹が、夜より黒く大地から伸びている。

暗いので思わず転びかけ、駆けるのを止めて歩こうとした。ふと見た道の先。夜に溶け込むかのように、〇子の家が禍々しく見えている。

その家の生け垣も闇に暗く沈んでいるが、遠目にこちらに背を見せて歩く人の姿がある。

「誰……?」

ぽつりと映子は呟いた。

距離も離れているし、呟き声が聞こえるはずがない。それなのにその誰かは、すぅっとこちらを振り返ろうとしている。その姿に見覚えがあった。それはその家の人。〇子の家の誰かだと思った。小さい頃からよく知ってる人……。

「えっ? 〇子さん……」

映子は有り得ないことに気がついた。

そのことに気づいたのが早かったのか、それとも振り向いた顔に目がいったのが早かったのか。

〇子だと思った瞬間、凄まじい形相になった死に顔が映子のすぐ目の前にあった。

桑畑の先から聞こえた映子の悲鳴。その後の顛末はすでに書いたとおりだ。しかも、その後、正男たちも目撃したという話との符丁も合う。

それ以来、明子は主人の実家には、十年以上行かなかった。いや、行けなかった。もう怖くて、怖くて、怖くて、怖くて……。

そんなことがあってから、もう何十年も経った。やっと恐怖も癒え、今は怖いというよりは、むしろ哀しい気持ちの方が強い。

もちろん、亡くなった◯子のこともそうなのだが、子供を持つ今では、あの日◯子の父が口にした言葉が重い。

「おっかねぇ顔になっちまったんだよ」という吐き出すような一言。

それが哀しくて堪らないのだ。自分の愛する娘をそんな風に言わなければならなかった胸の内を思うと、今もやるせない気持ちでいっぱいになる。

投稿者　Ｈ・ｉ（男性・千葉県）

聴

ごく日常的な音が、パニックを誘うほど豹変する。
何も起こり得るはずなき時間と空間から湧き上がる異音。
澱んだ冷気が針となり、鼓膜の底に突き刺さる。

見える聞こえる理由

我が家で不思議な出来事が頻発した。

元々はこの土地を買ったことからはじまる。土地は意外なほど安く購入できた。持ち主は遠方の人で、年配の方だった。だから、安くても売れればいいという気持ちだったのかなと思っていた。

しばらくすると、土地を買ったと知った地元の人たちが、頼みもしないのに色々聞きたくもないことを言ってきた。

「ここには一時、道祖神が祀ってあった」

「この土地のどこかに古い池があったので、地相はあまり良くない」

など、碌(ろく)なことは言わなかった。

初めのうちは、よそ者に対する嫌がらせだろうとか、安く買ったのでやっかみ半分だろうとか思うようにしていた。しかし後で考えると、それはその土地の謂われを知る者たちからの警告だったのかも知れないのだ。


その土地に家を建て、見知らぬ土地で新しい生活が始まった。

当初は引っ越しの荷物片づけや庭の手入れなどで忙殺されていた。ひと通り家まわりの用事が終わり、やっと落ち着いて暮らせるようになってきた頃のこと。

家のどこかから異音がするようになった。

新しい家に住みはじめたときからピシッ！　パキッ！　というラップ音のようなものは聞こえていたが、木造なので単なる家鳴りだろうと思っていた。

しかし、今回のその音は家鳴りで出るようなものではなかった。

ある朝の六時頃、床の間がある座敷の天井から聞いたこともない異音が降ってきた。

まるで、大きな分厚いビニールを引き摺るような、ザーーーー、ザザーーーー……という音だった。音は一、二度だったので空耳だと思ってあまり気にしなかった。

すると、少し間を置いてまた聞こえる。

（えっ、何？）と天井を見上げて耳を澄ませたが、すぐに音は途絶えた。

気味が悪かったが、その部屋から逆に離れられなくなった。朝の光が射しているし、めったなことは起こらないだろうという根拠のない希望もあった。

そして、三度目の異音が天井裏をザザーーーーと這い回った。そのときには夫も起きて来ていて、二人一緒にその音を聞いた。二人は思わず顔を見合わせたが、答えが出るはずもない。座敷の真ん中に立ち竦んでいると、また天井の音が……。

（………？）

二人とも、これは何かおかしいと確信した。

しかし、調べるにしても天井裏に上がるには、押し入れの天袋の板を上げないと入れない。しかも天袋には荷物が押し込めてある。

ネズミというには無理があった。ヘビにしては音が大き過ぎる。どちらもどんな音を立てるのかは予想がつく。

しかし、その音は生き物の動くような音ではなかった。もっと、広範囲に天井に密着し、ずり動いているような音だった。和室の天井は、化粧ベニヤみたいに薄い板が貼ってあるだけだ。だから、大きな生き物だとしても乗ることはできないだろう。ましてや、いったいどこから入れるのだ。

結局、異音がしたのはそれきりだった。

それ以後、まったく天井からの音はしなくなった。ゆえに正体は確認できていない。

ただ、この家の奇妙なことは、他にも枚挙の暇（いとま）がないほどある。例えば、夫がうたた寝をしていたときのこと。自分の周りを誰か歩いていると思った。私かと思って目を覚ましても、誰も家にいなかったとか。また、眠っていると、誰かが耳元で何か囁いていた……ということも。

不可解なことは私も多々体験している。

調べものがあって深夜まで起きていると、玄関に人の気配がした。夫は先に寝ているし、子供たちも自室で眠っているはずだ。

ドアの開く音もなく、何かが家の中に入って来たと身構えた。余りにも気配が濃厚で、泥棒かも知れないと思ったくらいだ。しかし、気配はいつの間にか消えていた。

異変は昼間にも起きた。

私が一人でリビングにいたとき、カウンターで仕切られたキッチンで派手な音がした。ガラス容器でも落ちて割れたのだと思った。食器棚が開いていたのかと確認してみると、きっちり閉まっている。何も落ちていないし、何も割れていない。

確かに一度、カタッと鳴ってから、パーーン！という音がしたのに……。それは圧力で耐え切れず、何かが破裂したような大きな音だった。

さらに、子どもたちが学校に行って不在なのに、二階の娘の部屋からドン！　という何かが落ちたような重い音がしたことも。

それだけではない。時々だが、人のような形をした黒い霧のような影を見たことがある。それに、明らかに目の前におかっぱの女の子がいて、こっちをじっと見詰めているという気配を感じたこともある。

そんな不可解で、異常なことが頻繁に起きていたが、まったく原因はわからなかった。土地に問題があるとしか思えなかった。だとしても、なぜ私はこんなに多くの異変を体験してしまうのだろう。

ある日、堪りかねて私は霊能力のある後輩に相談してみた。すると、意外な答えを聞かされた。


私には、眉間に〝第三の目〟があるというのだ。


その目があらぬものの存在を捉えているらしい。

さらに後輩が言うには、夫の母方のお婆さんが『見えないように』押さえてくれているという。

こうなると私の理解を超えた世界になる。
ここが問題のある地だと仮定すると、確かに何かを見たり、聞いたりの怪異は紛れもなく起きている。私がそれを感知するのは、押さえられている手の隙間から見ているのだろうか。あながち後輩の論を全否定はできないのだが……。

投稿者　りんさん（女性）

事件のニュース

ずいぶん前のことだが、酷い事件があった。

ある一軒家で、夜にその家のご主人が一階の部屋で殺された。ところが、二階で先に寝ていた奥さんは騒ぎにまったく気づかなかったという。

しばらく新聞やテレビのニュースやワイドショーを賑わせていた。

警察によると、いろいろ不審な点があったらしく、結局、その奥さんが殺人を人に依頼して殺したというのが真相だった。


これは私がそのニュースを見ていた時のこと。

若い男性アナウンサーがこの経緯のニュースを読んでいた。テレビの画面はその家の玄関を映したあと、近所の住人の証言に移った。

その住人は、レポーターの質問に事件のあった夜のことを答えていた。

「はい。呻(うめ)き声が聞こえたんです。確か、二回聞こえました」

住人は自信ありげにそう言った。と、その時だった。

テレビ画面から、本当に呻き声が聞こえたのだ。

違和感があったが、初めは効果音で入れているのかと思った。
しかし、考えてみると真面目なニュースがそんなことをするわけがない。
ただ、私には間違いなく聞こえた。
初めの呻き声らしき音で、えっ？　と思っていると、テレビでは『二回聞こえた……』
と住人が証言していたのだが、その二回……というところでもう一度。
さっきより長めに聞こえたのだ。……呻き声が。
錯覚？　幻聴？　タイミングよく二回も聞こえたのに。

投稿者　ｙｕｒａｙｕｒａ（女性）

夜のジョギング

日課として、夜のジョギングをしているのだが、ある日奇妙なことがあった。

まだジョギングを始めて間がない頃。

その夜もジョギング用に新しく購入したトレーニングウエアを着て、意気揚揚と家を出た。マイペースで良いので、できるだけ長い距離を走ることを心掛けていた。

特にコースなどは決めていない。昨日はこっち今日はあっちと、その日の気分でいろいろな場所を走っていた。

だんだん体も走ることに慣れてきていた。走ることが楽しくなった頃で、ランニングハイのような状況にもなっていたのだと思う。途中から疲れも消え、体を冷ます夜風も手伝っていつもより距離が伸びた。あまり知らない町の通りや公園の横を気持ち良く走る。

意外と遠くまで来てしまったので、もう少し走ったら戻ろうと考えていた。

走っているときは無の状態ではなく、じつはいろんなことを考えたり、何かを思い出したりしている。そのとき、ふとなぜかテレビでやっていた怪奇番組のシーンを思い出してしまった。

怖がりのくせに、怪奇ものが好きなのだ。

ただ、タイミングが悪かった。暗く照明のない通りで、車も走っていないし人通りもない道だった。片側はずっと大きな公園の樹木が鬱蒼と茂っている。最も思い出してはいけないことを思い出したというわけだ。

走りながら、頭の中から怖いシーンを追い出そうとしたが、そうしようとすればするほど鮮明に思い出してしまう。一刻も早くこの暗い道から抜け出ようと思った。

その瞬間だった。

ジャリ……。足音のようなものと、後方に何かの気配を感じたのだ。

今の今まで自分ひとりだった。

後ろから誰かがついて来ていたとしても、こっちは走っているからそれ以上のスピードということになる。他のジョガーか？　しかし、誰か追随して来ているという記憶はない。ということは、公園の樹木の陰から突然現れたのか。それって、生きた人間か？　違う恐怖も頭をよぎる。

（ちょっと、ヤバイかもな……！）

まだ余力はあったので、スピードを上げた。

ところが、何かの気配は消えることはなかった。それどころか、ジャリッという砂を噛む足音のようなものは途切れなく耳に届いてくる。走って追いかけて来るのであれば、足音はザッザッザッザッ！　となるはず。だが、それは不規則にジャリッという一歩を踏み出すような音を立てている。それがすぐ後ろでする。訳のわからないことが起きていることだけは理解できた。

（勘違いだ！　絶対に勘違いに決まっている！）

そう思い込もうとしても無理があった。

走る足はもつれそうになっている。喉はカラカラに乾き、ゼイゼイと息も上がってくる。間違いなく何かがいる……。自分の足音と少しズレて、まったく異なる音がすぐ後ろに。

力を振り絞り、もう一段スピードを上げた。

普通の人間ならかなり苦しくなる速さだった。だが、奇妙な音はぴったりとついてきていた。

脚力も精神力も限界だった。

（もうダメか……）と覚悟したとき、四つ角に明るい照明のコンビニが見えた。

助かったと思った。全速力でそのままコンビニに飛び込む。いつの間にか、音も気配も消えていた。

しばらくコンビニで時間をかけて恐怖を振り払う。

コンビニからは明るい通りを走り、やっと家の近くまで戻ることができた。行き交う車や商店の明かりに気持ちが落ち着いてくる。さっきのことは、やっぱり錯覚だったのかもと思えるようになっていた。

家の玄関前に敷いてある砂利を踏んで、ドアに扉に手をかける。

そのときだった。

ジャリ……あの音が真後ろでした。

投稿者　Ｎｉｒｖａｎａ（男性）

女子更衣室

私は新潟県の某病院に看護師として勤めている。

その更衣室で奇妙なことがあった。


女子更衣室は二十畳ぐらいの広さがある。

そこに六十~七十人分のロッカーが整然と立ち並んでいる。入り口からいちばん奥はほとんど見えないほどだ。電気のスイッチは入り口にしかないので、最後に帰る人は電気を消す際に一声かけるというのが暗黙の了解となっていた。

また、ロッカーを背にした位置には、大きめの鏡台が設置されている。みんなそこで身だしなみを整えたり、昼食後の歯磨きをしたりしている。


その日、私は予定外の手術が入り、全部仕事が終わったのは夕方六時を回っていた。

日勤のナースたちはみんな帰宅しており、一人で更衣室に向かう。更衣室に掛かっている鍵を開けると無人の室内は薄暗く、シーンと静まり返っていた。

　更衣室なので窓のブラインドはいつも閉めたまま。わずかに斜めになったブラインドの羽の隙間から、弱々しい最後の薄明かりが射し込んでいるだけで、部屋の奥の方は暗闇が満ちていた。

　私のロッカーは入り口からあまり離れていない。

（まあ、誰もいないし、私のところだけ電気を点ければいっか）

　そう思い、手前だけ照明を点けて着替えをはじめた。

　すると、部屋の奥からふいに音がした。


　ギィィィイィイ……錆びたロッカーの扉が軋む音だった。


　どのロッカーもあちこちに錆が浮いた年代物のロッカーである。

　ちゃんと扉が閉まっていなかったのか、何かの拍子に軋んだのだろうと思った。

　すると、カタン……カタッ……カタカタ。

　また、どこか奥の方から音がする。まるで誰か着替えをしているような、そんな日常的によく耳にする音だった。

（なんだ、誰かまだいたんだ。暗かったから、わかんなかったけど……）

姿は見えなかったが、少し安心して着替えを済ませた。

入り口の鏡の前で髪を直していたとき、妙なことに気づいた。

鏡には後ろにずらっと並んだロッカーが映し出されている。その光景が奇妙だった。

（……なんで？　なんで、奥のロッカーがボヤけているの……）

鏡に映っているロッカーが、奥にいくほどぼんやりとボヤけて見える。

部屋が暗いからという訳ではない。もっと違う、有り得ないボヤけ方というか。まるで、その辺りに濃い闇の霧が揺らめいているような感じだった。

その暗闇から何かが出てきたら……と思うとゾッとした。

唐突に背筋に冷たいものを感じ、慌てて更衣室を飛び出そうとドアに向かった。電気を消す前にルールを思い出した。最後の者が念のために声をかけるという。

「電気、消しますよー！」

少し声は上ずっていたが、思いきって声を出した。

バタン！

ロッカーの扉の閉まる音が部屋の奥から聞こえた。

私の声かけに呼応するようなタイミングだった。考えてみると、私以外人がいるはずはなかった。入るとき、ドアの鍵は掛かっていたし。ならば、あの音は何なのだ……？

この時、私はまだ知らなかった。

この更衣室に悲しい思いが留まっているということを。

後日、古くからいる先輩に訊いたところ、更衣室は『出る』ということだった。

十年ぐらい前に、この病院に務めていたナースがいた。

なかなか子宝に恵まれなかったので、ご主人と二人で不妊治療を受けていた。そんな中、不幸なことにクモ膜下出血を起こし、この病院で還らぬ人となってしまった。数ヶ月後、後を追うようにご主人も自殺したそうだ。

無念の死を迎えたそのナースは、まだこの病院で働き続けているのだと、経緯を知る看護師たちの間で噂されていた。

そして、今も時折り更衣室で不可解なことが起きるのだという。

投稿者　ａｋｉ（女性・新潟県）

母の実家

ミュージシャンの山中（仮名）さんが幼い頃、異様な体験をした。

小学校一年生の時、お母さんの実家の広島に一緒に戻った。

お母さんと二人だけの旅だということと、お母さんの田舎の家に行くという楽しみで、少し興奮していた。

そのせいだろうか、夜寝ようとしてもなかなか寝つけない。何度も布団の中で寝がえりを打ち、ギュッと目を閉じて眠ろうとするのだが、寝ようとすればするほど目が冴えてくる。

時間もわからなかった。お母さんも実家の人たちもぐっすり眠っている。ひとり彼だけが、暗い部屋の中で目を開いていた。

どこからか漏れてくる薄明かりで、天井や壁が薄っすらと認識できる。怖い話を思い出しそうになり、慌てて目を閉じていると、どこからか声がする。

小さな声なので何を言っているのかわからなかった。隣部屋の家の人かなと思った。よく耳を澄ませてみると、どうも自分を呼んでいるような気がする。

何か用なのかな？　と、布団を抜け出し、声のする方へ向かおうとした。しかし、真っ暗な家の中で、どこで誰が呼んでいるのかさっぱりわからなかった。

無人の部屋、廊下の先、トイレ、玄関などを見て回ったが、どこから声がするのかはやっぱりわからない。だんだん怖くなってきたので、諦めて部屋に戻ろうと縁側を歩いていた時、庭の向こうの塀の辺りに誰かが居た。知らない女の人の顔が半分だけ見えている。

家の人ではないし、近所の人だろうか……と、疑問に思いながらしばらく女の人の横顔をぼんやり見詰めていた。

すると、彼の視線に気づいたのか、その女の人が小さな声を発した。

「お母さんを大事にね」

一言だけ告げて、すっと塀の向こうに隠れてしまった。

彼はてっきりお母さんの知り合いだと思った。縁側から庭に降り、つっかけを履いて後を追った。ぐるっと回って塀の向こう側に行くと、農具など置いてある小屋があった。

そこに大きな牛が尻を見せて立っていた。実家で飼われている牛だと思った。

彼がさらに近寄ってみると、牛の頭部が見えた。顔はさっきの女の人だった。

彼は自分が見たものが信じられなかった。悪い夢でも見てるのかと思った。

胴体が牛で、顔が女の人……。

昔から『件』と書いて『くだん』という異形が存在するという話はある。しかし、子供だった彼が知る由もない。

そして、その件は予言するともいわれる。

それから一年も経たない内に、彼のお母さんは亡くなった。

投稿者　ひろみつ（男性・大阪府）

公園に行こう

あの日以来、私は電話が怖くなった。

ずいぶん前のことになる。沖縄の読谷村に住んでいた頃のこと。

電話といっても、スマホではなくまだ黒電話が家庭にあった時代の話だ。

その日、私は仲のいい友人と、休みの日にどこか遊びに行こうと電話で話していた。

長々と三十分ほど話して、私は映画を見てからショッピングをし、その後はカラオケに行こうと提案した。

「いい？　わかった？　映画の後ショッピング、それからカラオケだよ」

「あのさぁ、カラオケじゃなくて、公園で散歩しない？」

せっかく目一杯遊ぼうというプランを友人はひっくり返す。

私たちの住んでいる村で公園といえば、海の断崖沿いに広がるところしかない。

なぜか、その公園を散歩したいという。まあ、特にカラオケでなければダメという訳でもなかったので了承した。すると、友人はショッピングまでやめようと言う。

「ねぇ、映画の後に公園は……？」

「ええ？」

友人の身勝手さにちょっと飽きれていると、今度は決心したように重ねてくる。

「映画も行かないで、公園にしよっ！　公園に行こうよ！　散歩しようよ！」

友人は頑なに公園に行きたがる。

その時点で私は異変に気づくべきだった。この友人は、普段どんなに近いところでも車を使うほど歩くのが嫌いな人だった。その友人が散歩をしたがる。どう考えてもおかしかった。しかし、そのとき私は気づかなかったのだ。


ただこの後、想像もしない怖ろしい展開になる。

「でもさぁ、公園で散歩だけじゃあねぇ……」

まるで老人のような考えに、さすがの私も異論を唱えた。

すると……。

「えっ？　どうしたの。あんた、公園に行きたいの？」

友人が豹変した。

それまで公園に行きたいとしきりに主張していた友人が、突然不思議そうに私に問う。

私はめんくらい、何がなんだかわからなくなった。

「何言ってんの。あんたが公園に行こうって言ったんじゃん！」

そう指摘すると、友人はまさかと笑い飛ばす。

「公園だって？　行かない行かない。だって遠いじゃん」

「あんたが行きたいって言ったんだよ？」

それからは私がどう説明しても、友人はまったく記憶にないように否定し、笑うだけだった。

結局、訳がわからないまま、当初の映画、ショッピング、カラオケになった。

「じゃあ、明日ね」

「うん、じゃあ」

友人はいつも通りの口調で電話を切ろうとした。

私も受話器を耳から離そうとした、その瞬間だった。

「ねぇ、公園……行こうよ」

また、小さくそう聞こえた。

咄嗟に私はもう一度受話器を耳に押し当てた。

「お前も来いよ……公園に……飛び降りにさぁ！」

それが聞こえて、すぐ叩きつけるように電話を切った。

友人の高い声とはまったく違っていた。低く掠（かす）れて、濁った声。身に覚えのない男の声だった。

翌日、私は友人と遊びに行ったが、あまり楽しめなかった。

あの声が誘った公園は飛び降り自殺や海難の名所だということを思い出したからだ。昨日の電話、友人の異変。何かが乗り移ったということなのか。憑かれた友人もろとも『呼ばれ』たのかも知れない。だからそれ以来、電話が怖いのだ。

投稿者　ハル（女性・沖縄県）

「上の者ですが」

その日、私は朝から神戸の自宅でパソコンを叩いていた。急いで仕上げなければならないワークがあったのだ。

すると、そこに電話がかかってくる。

当時のことだから、まだ携帯ではなく黒電話である。

（なんだよー、せっかく乗ってきたところなのになぁ……）

軽く舌打ちしてパソコンから離れ、電話に出る。

「はい、もしもし」

「…………」

返事がない。

何度も問い掛けたが無言のまま。ただ、受話器の向こうに誰かがいるだろうことはわかる。悪戯電話だと思った。こういう時は相手にせず、さっさと切るべしと思い、耳から受話器を外そうとした時だった。

『ボソボソ……』

そいつは何か呟いた。

何を言ったのかはわからなかったので、もう一度声をかけた。

「もしもし！」

また返事がない。こっちをからかっているのか、タチが悪いと思った。

「もう切りますよ！」

語気を強めて宣言した。すると。

『ウフフフ……上の者ですが……』

相手は女のようで、訳のわからないことを言う。

上の者とは何のことだと思った。ここは五階で私は最上階に住んでいる。この上は屋上しかない。

「あんたねぇ、この部屋より上は無いんですよ！」

ガチャ！　叩きつけるようにして電話を切った。

少し溜飲が下がったが、人を小馬鹿にしたような物言いに腹が立った。

しかし、しばらくするとまたプルルルルル……。

「はい、もしもし？」

『上の者ですが……』

いい加減にしろ。もう勘弁してくれと思った。

なんで私が悪戯電話のターゲットにならなければならないのか。理不尽にも程があると思った。ここはさらに強気に出て一気に終わらせようとした。

「俺の部屋より上はないって言ってんだろ！」

『いま、あなたの上にいるの……ウフフ』

こいつは何を言っているのだろうと思った。

ただ、この時点で、私は得体の知れない気持ち悪さに襲われていた。女は電話の向こうから私の上にいると言った。その意味がわからなかった。上の者という言い方から微妙に変化している。真上にいるという意味にも取れる。

馬鹿馬鹿しいと頭では思っているが、なぜか上を向くことに躊躇した。というか体が拒んでいた。自分の真上に何かが居たら……という恐怖もあった。そんなものは絶対見たくないが、確かめずにおれない強迫観念もある。頭がくらくらしてくる。このままでは埒があかなかった。

（よし、見てやるよ、上を……）

覚悟を決め、いちにさんで上を見上げた。

何も無かった。ハハハハと笑いがこみ上げる。やっぱり出まかせで、悪戯なのだと確信した。これ以上刺激するのは得策ではない。幾分余裕を取り戻した口調で穏やかに伝えた。

「もう切りますよ」

そう言った途端、ガチャッ！　ツーツーツー。

なんと向こうから切ってきた。無駄に時間を使ってしまい、「やれやれ」と自戒しつつ、私は急いでパソコンに戻った。

椅子に座り直し、ワークを開始しようとした時。

トントン……ミシッ……。

何か気になる音がした。どこから聞こえたのかはわからなかった。出処を確かめようと耳を澄ませている間に、異音はだんだん頻繁に、そして大きくなった。

コンコンからドンドンドン……になり、ドンッ！　ドンッ！　ドンッ！　と激しさを増す。

その時点で天井、つまり上からの音だと認識できた。天井を見ると、ドンドンッという音に合わせて少したわんでいるようにも見える。

誰かが天井裏から重いものを落としているような響きだった。

(何だよこれ、どうなってんだ。助けてくれ!)

椅子に縛りつけられたかのように、体が動かなかった。

私は恐怖を超えたパニックに陥っていた。頭を抱えるようにして、パソコンの前に突っ伏すしかなかった。

と……メキメキメキッ! 天井の板が破れる音がする。ええっ? と思った瞬間。

ドサッ! 自分の背後に何かが落ちてきた。

それはズルッズルッと背後から近づいてくる様子。

理性など吹っ飛んでいた。常識では考えられないことがこの部屋で起きている。抗(あらが)うこともできない恐怖に打ちのめされていた。


ハッ……!

一気に正気に戻っていた。

気がつくと時刻は夜中の二時を少し回ったぐらい。私はパソコンのキーボードに体を預けたまま、ずっと眠っていたらしい。確かに連日のハードワークで睡眠不足ではあった。しかし、夢だとしても余りにも生々しかった。現実だったとしか思えないほどの臨場感があった。あの電話も女の声も壊れる音も……。

しかし、とにかく『夢』だったことに変わりはない。

凄い汗をかいていた。一息ついてから、シャワーでも浴びようと椅子から立ち上がる。

一歩を踏み出したときだった。

「痛っ！」

何かを踏んだ。

その場に屈んで足元を見る。細かい何かが落ちている。木屑だった。はぁ？　と思ってよく見ると、あちこちに大小さまざまの木屑が落ちていた。

（……まさか）。

私は引き寄せられるように、ゆっくりと天井を見上げた。

頭の中が真っ白になった。

そこには、小さな穴が空いていた。

投稿者　トキ（男性・兵庫県）

乾いた物音

大学に入学したマサル（仮名）は、独り暮らしをするために部屋を探した。学校から近くて安ければどんな部屋でもいい。そんな意気込みで、ようやく見つけたアパートの部屋は有り得ないほど安かった。

今でこそ訳ありの疑いがあれば、大島てる氏の事故物件サイトですぐに調べることはできるが、当時はパソコンもない時代。運を天にまかせる気分でそこを借りた。

もとよりマサルは霊感など皆無だった。これまで怪奇体験らしきものは何もなかったので、あまり気にすることもなかった。

必要最小限な家財と電気製品だけのはずだったが、引越しを終えた部屋は運び入れられた荷物でいっぱいになった。

狭い部屋の大半を荷物が占領し、何から手をつけてよいかわからない。とりあえず寝る場所さえ確保できればいいかと、片づけをはじめた。

すると、荷物の奥からザザッ、ザザ、ザザッ……ズズッと、乾いた物音がする。古いアパートの部屋だから、ゴキブリかネズミだろうと思った。マサルは荷物を掻き分けて探してみたが何もいない。どこかに逃げたのか、気のせいかも知れないと、すぐに捜索をあきらめた。

やがて大学生活がはじまり、マサルはキャンパスライフを楽しんでいた。趣味のサークルにも入り、面倒見のいい先輩や友達にも恵まれた。勉強よりも、サークル活動とバイトに明け暮れる日々が過ぎていく。

アパートの部屋に戻って来る時間はまちまちだった。バイトでくたくたに疲れて、夜遅く寝るためだけに帰って来ることも多かった。そんな夜に限って、さぁ寝ようと目を閉じていると、どこからともなくあのザザッザザッという耳障りな音がする。それは妙に神経を逆なでして眠りを妨げた。

布団から手を出して、畳をドンと叩くと音は止む。やはり、ネズミでもいるのかと思った。毎晩というわけではないが、かなり頻繁に夜遅くなると異音は続いた。

ある夜のこと。またあの音がしているので、ふと、名案がひらめいたマサルは録音することにした。

夜中にヘンな音がする部屋ということで、サークルのみんなに聞かせたら驚くに違いないと思ったのだ。嬉々としてカセットレコーダーを取り出す。レコーダーのボタンに指を掛けたまま音がするのを待った。

ややあって、ザッザザッ……ズルッ……。

今だとばかりに、録音ボタンを押した。

翌日、大学のサークル仲間に自慢げに聞かせた。

毎晩のように、部屋のどこかで聞こえる異音だと吹聴して。しかし、やっと一度だけザザッという音が録れただけである。単なる雑音と変わらないし、再生しても怪しい雰囲気はまるでない。

結局、「よく聞こえない」「さっぱりわからん」と一笑に付されただけだった。

ならばと、マサルは『見る』ことができるという先輩に頼み込むことにした。ここまで頭から馬鹿にされたことに腹が立った。もとより霊現象など信じていなかったが、あまりの家賃の安さである。万が一にも、何か自分では感知し得ないことが起きているのかも知れないと思った。

「先輩お願いします！　もし先輩に何か『見え』たら、サークルのやつらは驚くから」

身勝手な理屈で、夜までかかって強引に説得した。

気のいい先輩はマサルの部屋にやって来た。少し興味もあったのかも知れない。

「この部屋か？　家賃が安いわりにはいい部屋じゃないか」

先輩も、なぜこの部屋だけ家賃が安かったのか、何か裏があるのではないかと思っていた。

しばらく菓子をつまみながら雑談をしていたが、やがて時間は深くなっていく。マサルは徐々に緊張感が高まっていった。

よく異音が聞こえる深夜帯になる。二人は会話も途切れ、黙って耳を澄ませている時間が長くなった。と、その時。

ザザッ……ザザッ……ズズ、ズルッ、あの、音がした。

それは、マサルの座っている後ろから聞こえた。

その瞬間だった。

「うわっ！」

先輩はマサルの後方に目を見開いたまま、大きくのけぞった。

「先輩！　何か見えるんですか？」

マサルも反射的に後ろを見たが、何も見えなかった。

「お前、こ、これが、見えないのか！」

「はぁ……はい」

「赤ん坊だよ！」


産まれたての赤ん坊が、顔を畳にこすりつけるようにして這っているという。

それが二人の周りを有り得ない速さで、グルグルと何度も回っているらしい。

しかし、マサルにはまったく見えなかった。見えないが、音だけは聞こえている。ザザッ……ズルッ、ザザッ……ズルッという不可解な音だけが。

なにかとんでもないことが起きていることだけは理解できた。先輩は腰が抜けたようになり、カッと目を最大限に見開き、二人の周りの何かの動きをずっと目で追っている。

次に、先輩はマサルの顔を真正面から見据えた。

その顔は恐怖に引き攣っていた。

「ギャアァァァァッ！」

大の男とは思えないような悲鳴を上げ、先輩は這うようにして部屋から逃げ出した。

そのとき、マサルの耳に「アァァァァ〜〜ゥ！」という、赤ん坊の叫びのような音が響いたような気がした。

後日、その先輩が話してくれた真実は想像を絶していた。

「赤ん坊がさぁ、いきなりお前の体をスルスルと這い上がって、背中から俺を覗いたんだよ。その顔は、その顔といったらよぉ……」

先輩はそこまで言って口をつぐんでしまった。

確かにマサルは赤ん坊の声のような音を耳にした。しかし、先輩が何を見たのかは、いくら問い質しても話してくれなかった。

投稿者　I・T（女性・大阪府）

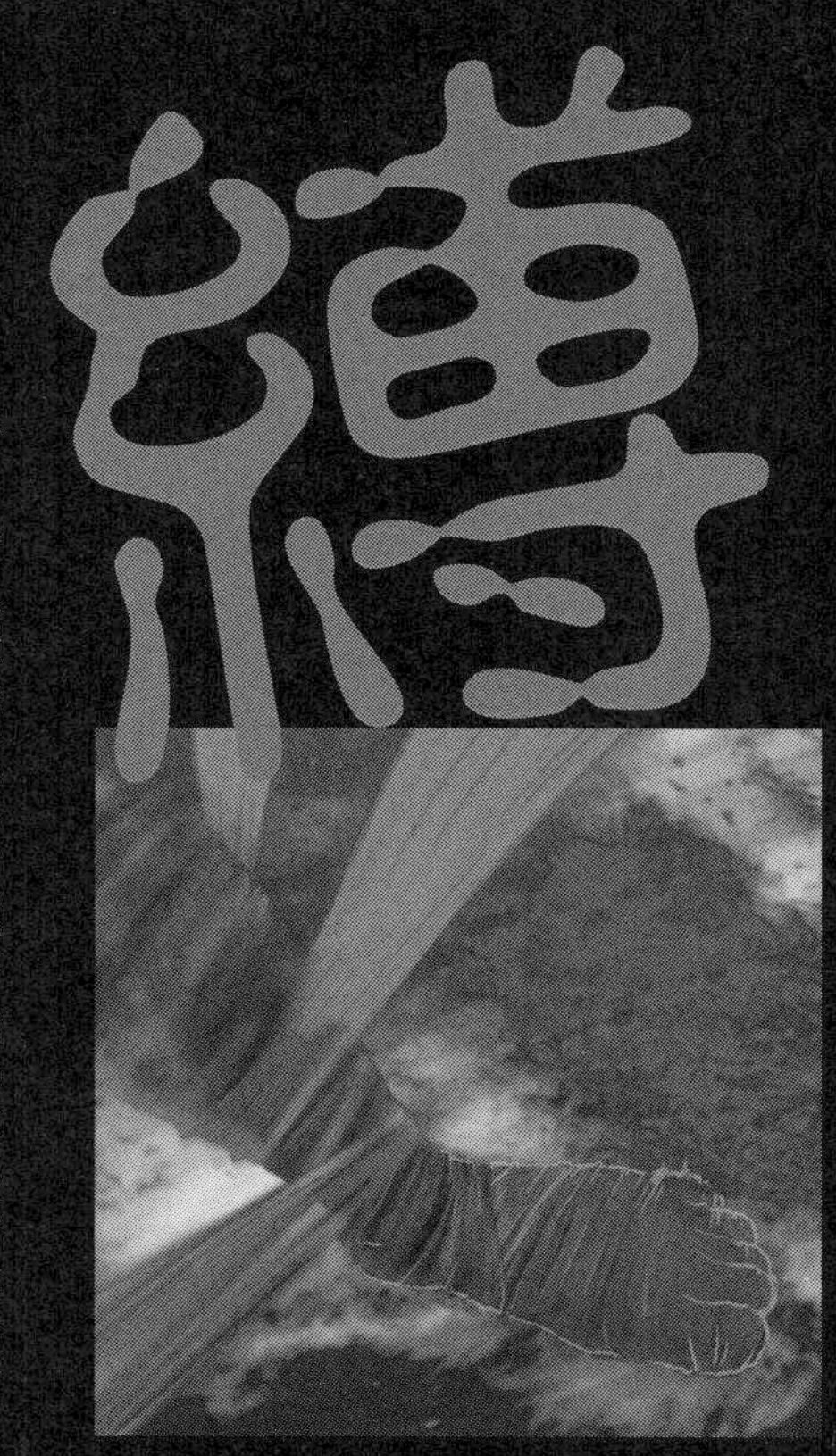

手も足も微動だにしない、石化した肉体に支配される瞬間。
ピクリとも動かない意志を無くした肉体は、ただ無防備である。
喉も裂けよと振り絞った悲鳴は、縛られた体から無力に脱落する。

障害物

あの怖ろしい金縛りに遭ったのは、私がまだ中学三年生の頃。

当時、家族で引っ越したアパートは、霊感のある私にとって受け入れ難い雰囲気があった。

そのアパート自体に問題があるのか、土地に原因があるのかはわからない。ただ、理屈抜きで私には（ああ、ここはダメだ……）と直感できたのだ。

案の定、予感は的中することになる。

夏休みに入った真夜中のこと。私は強烈な金縛りに遭ってしまい身動きが取れなくなった。意識ははっきりしているが、体が言うことをきかない。こんなきつい金縛りは久しぶりだった。

目を開けたままもがいていると、天井に白くて丸い〝物体〟がポツンと現れる。

（なんだ、なんだ……？）と思っていると、それは徐々に形を成していき、やがて人の顔になった。顔を視認して、えっ！　と思った瞬間、それはドサッと私の腰の辺りに落ちてきた。

長く真っ黒の髪をした若い女だった……それが私の腰に跨がっている。

不思議な行為だったが、なぜか私は女の膝をガッシリと掴んでいた。その感触は今でも生々しく覚えている。まさしく肉のある生きた人間そのものだった。

私は髪を振り乱した女の膝を掴んだまま、一ミリも動くことができなかった。次に何をされるのかを想像すると、怖ろしくて生きた心地がしなかった。

（許して下さい！　許して下さい！）

訳もわからず謝るしかなかった。

今まで経験した金縛りとは比べ物にならないほどのリアル感。先が読めない恐怖が果てしなく続いた。とにかく心の中で、必死にその女に懇願するしかなかった。

少しでも恐怖から逃れようと、無意識に私は体を捩ったのだろう。その瞬間、金縛りは解け、女の姿は粒子のように消えていった。

ただ、それからは何度も同じ女が現れるようになった。

天井にポツンと円形の白いものが現れ、女の顔になった途端ドサッと落ちてくる。親に話しても、夢を見ているだけだと取り合ってくれない。

そんな憔悴(しょうすい)の日々が続いていたが、ある日ふと思い出したことがあった。それは、このアパートに引っ越してから、ほどなく亡くなったお婆ちゃんの言いつけだった。

『ああ、良くないねぇ。ここは霊の通り道だから、物を置いてはいけないよ』

確か、私の部屋を見てそんなことを言っていた。

私はお婆ちゃんが指摘した場所に、ずっとテレビを置いていた。それが障害物になっていたようだ。

多少なりとも霊感のある私も、ぼんやりと嫌な雰囲気は感じていた。しかし、まさか霊の道が走っているなど考えもしなかったから、お婆ちゃんの言ったことなど無視していたのだ。

すぐに〝その場所〟を空け、毎日水を供えることにした。

それからは幸いなことに、もうあの女が天井から落ちてくることは無くなった。

投稿者　シュガーアメジスト（男性）

道連れのホーム

ずいぶん昔のことになるが、私は高校を卒業してから仙台で就職した。

二ヶ月を過ぎ、ようやく仕事にも慣れはじめた頃、信じ難い体験をした。


ある日、同期の者と食事をした後、二人で仙台駅に向かった。

駅のホームには電車を待つ多くの乗客が並んでいる。私たちも行列の背後で待っていたのだが、いきなりヘドロのような臭いがする。

酷い臭いに、たまらず私が顔をしかめた瞬間、異様な黒い人影が現れ、私の前にいる連れを凝視していた。

そいつはかすかな声で「違うか……」と呟くと、次にその前にいた女の人を見て、聞こえるか聞こえないかのような小声で「違うな……」と繰り返している。

誰かを探しているにしても、黒い人影という異様な姿に、私の目は釘づけになった。

ただ、奇妙なのは連れも女の人も、周りの乗客たちもそれに気づいてる様子がない。

私が怪訝に思っている間も、そいつはずんずん前に行き誰かを探していた。やがて、ホームに電車が入って来る。人波がやや前に進む。その瞬間だった。とんでもないことが目の前で起きた。そいつは最前列にいた女性に、後ろから覆いかぶさった。

そのまま道連れのように、目の前の電車に飛び込んでしまったのだ。

人身事故または飛び込み自殺ということで、電車は止まってしまった。目撃した乗客たちの話では、突然、女性が線路に飛び込んだと証言した。ただ、私は見てしまった。黒い人影に抱かれるようにして飛び込んだのを……。しかし、そんなことを言っても誰が信じるというのだ。

私は大騒ぎになっている現場から抜け出し、タクシーでアパートに戻った。夜になり、嫌なものを見てしまったという重い気持ちでベッドに入った。しばらく寝つけなかったが、やっとウトウトしはじめた時、耳鳴りが襲ってきた。小さかった頃から、金縛りを何度も体験していて、金縛りに遭うときは必ず耳鳴りから始まるのだ。

一気に体が硬直すると、足首を掴む手の感覚があった。

そっちに無理やり目を向けると、布団が盛り上がっているのがわかった。布団の中に何かがいた。その何かは首を大きく左右に振りながら、ずずっ、ずずっと私の上半身に向かって這い上がって来る。

（うわっ！）と思った瞬間、意識が飛んだ。

知らない間に朝を迎えていた。

元々、霊を感じる体質だったので、昨日ホームであんなものを見てしまったからだろうと自分を納得させていた。


その日の朝も仕事のために仙台駅へ向かう。

昨夜の出来事など、何も無かったかのような日常の光景に心が少し落ち着いた。何も考えないようにして仕事を終え、夜になってまた仙台駅へ。

混雑するホームに並んでいると、どこからともなく花の匂いがする。

あれ？　と思っていると頭の中に声がした。

『なぜ、助けてくれなかったの……』

思わず後ろを振り返ると、右半分の顔面が無残になった女が立っていた。

私の記憶はここまで。気がつくと病院のベッドだった。
なんでも、私はいきなり叫びながらホーム前方に走り出し、そのままホームから落ちたらしい。

S・Kさん（男性・岩手県）

雨の夜

二十歳までに金縛りに遭わなかったら、一生遭わないという話を聞いたことがある。

私はちょっと嬉しかった。

というのも小さい時からずっと霊的現象に悩まされてきたからだ。二十歳までに遭わなければ、少なくとも余計な一つは削除できるかも知れないと思った。

今まで一度も金縛りだけは遭ったことがなかったので、このままスルーできると半ば安心していた。ところが、あと少しで二十歳という時に金縛りに遭ってしまう。

ある夜のこと、それは不思議な現象に導かれることになる金縛りだった。

金縛りの体験談は数多く、なんだ金縛りの話かと思う人がほとんどだろう。しかし、私は金縛りに遭った数日後、夢というより絶対これは現実だと思うような出来事を体験してしまったのだ。

金縛りに遭うと、多くの人は怖いので目を開けてしまうらしい。しかし、私は目を開けなかった。いや、正しくは開けられなかった。

(目を開けよう！　自分の上に乗っている何かを自分の目でちゃんと見なければ……)

初めての金縛りになったとき、必死に目を開けようと努力はした。

だが、瞼はぴたりと閉じたまま。指で無理やりにでも目をこじ開けなければと思ったが、まったく体は動かない。手を使えないから強引に開けることは叶わなかった。

何かが私の体の上に乗っているのはわかる。ただ、その正体はわからない。身動きのできない恐怖のまま、いつしか朝を迎えていた。これが私の初めての金縛りだった。


そんなことがあって数日が過ぎた。

夜遅く、姉が仰向けの姿勢で、寝ようと布団に入ったまま妙なことを言う。

「ねぇ、今さぁ雨が降ってるよね？」

その日は雨などまったく降っていなかった。今もだ。

「降ってないよ。なんで？」

「え？　うっそー、だって、枝に雨が当たってるようなピチャピチャって音がしてるじゃん！」

私は耳を澄ませたが、何の音も聞こえない。

そこで悪戯心が湧いた。

「ふ～ん、もしかして雨じゃなく、水死した人が水を滴らせて来てるのかもよ～」

多少は怪談が好きな姉だったので、軽く冗談で返した。

「馬鹿なこと言わないで！」

意外な姉の拒絶で、雨が云々という話はそれで終わった。


しかし、この不思議の答えは、一週間後に解き明かされることになる。

その日は雨が止むことなく降り続いていた。姉は出かけており、私は二階の部屋で一人パソコンを使っていた。

すると、どこからか微かな声がする。窓の外なのか、女の子の声のようだった。雨音にかき消されるように断続的に聞こえる。

聞き間違いだろうと思って、あまり気にすることはなかった。そのまま黙ってパソコンに向かっていると、声が近づいて来たような感じがする。かすれかすれではあるが、さっきより声が大きくなっていた。

近所の子が外で遊んでいるのかと思った。しかし外は雨。傘をさして遊んでいるというのも不自然だった。

カーソルを打つ手を休め、何を言っているのかに意識を集中した。すると。

「たす……。たす……て。……おねが……い。たすけて………」

切れ切れに、そんな風に聞こえてくる。

私は驚いて反射的に後ろを振り返った。すると、そこに……女の子が立っていた。


ぼんやりとした半透明の八歳ぐらいの女の子だった。


一昔前のような赤い着物姿で、濡れそぼったような髪の毛は胸ぐらいまである。

悲しそうな目をしていた。何かを訴えるように、私を見詰めながら「たすけて……、たすけて……」と小さな声で言い続けている。

しかし、私はどうすることもできなかった。何をどう助ければいいのかもわからない。

為す術もなく、ただその女の子の視線を受け止めていた。

やがて、強くなった雨の音にかき消されたのか、声は聞こえなくなった。そして、その女の子もすっと消えていった。

初めての金縛りから始まった怪異の連鎖。

姉が聞いたという雨の音も不可解だが、まさか女の子の姿を見てしまうとは……。しかも、今度こそ雨の降る夜に。

投稿者　ＮＵＭＢＥＲ１０（女性）

てっちゃん

娘が二歳の時に、授かった二人目の子を流産してしまった。

性別はわかっていた。男の子だった。生まれてきたら哲郎と名付けようと思っていたので、胎児ネームを「てっちゃん」とした。


てっちゃんを亡くしてしばらくは、悲しくてよく泣いていた。

だが、時が経つにつれて心の傷も少しずつ癒えていく。娘も可愛い盛りになったので、私はてっちゃんのことを次第に忘れていくようになった。

娘の幼稚園入園の夜だった。

不思議なことが起きた。

夜中におもちゃのレゴブロックが入ったバケツの蓋が、地震でもないのにカタカタと鳴る音で目が覚めた。寝ぼけた頭で（今、鳴ってたよね？）と思ったが、もう音は途切れている。気のせいかと、またそのまま眠ってしまった。

朝、目覚めると、きちんと閉めてあったはずのバケツの蓋が斜めにずれているのを見つけた。一瞬、ドキッとしたが、あまり気にしないようにスルーすることに。

その日以来、不思議なことが続くようになる。

ある時は、畳の上をボールがポンポンと弾む音で目覚めた。見るとおもちゃ箱の中から勝手にボールが飛び出していた。

また、机の上の本が夜中にバサッと落ちたり、寝ていると襖がスウーッと十五センチくらい開いたりもした。

こうなると、もう私の中では勘違いでは済まないレベルになっていた。

いろいろ考えて私はこう思った。思えばそれが起こり始めたのは、娘の入園の夜から。てっちゃんが寂しくて遊びに来ているのだと思った。

娘の成長とともに忘れていったてっちゃんが、『ボクのことをわすれないで』と言いたくて、おもちゃで遊んだり、イタズラをしたのではないか。これはてっちゃんのメッセージだと思った。

そんな思いにとらわれていたある日、私は金縛りで目が覚めた。

枕元を誰かがバタバタ走り回っている。私は確信した。（ああ、またてっちゃんが来てくれたんだ……）と。

（てっちゃん、寂しいの？　こっちにおいで）

そう頭の中で声をかけ、両手を広げるイメージを送った。

すると、やはり。枕元から見えない何かが近づいて来る気配があった。まったく怖くはなかった。すると。

『うぅぅぅ～！』

耳元で、低く暗い唸り声がした。それは、おっさんのような声だった。

てっちゃんであるはずがない。おまえ、いったい誰だ？

投稿者　フク（女性・岐阜県）

連れて行く

母のクラスメートだったという人に気味の悪い話を聞いた。

その人には当時、生後七ヶ月の赤ん坊がいた。

その赤ん坊がある日、夜中に急にミルクを吐き出し、あっという間に四十度の高熱を出した。慌てふためいて、すぐに救急車を呼ぶ。病院での診断はウイルス感染の急性腸炎とのこと。

「気をつけないと、赤ちゃんはあっという間に弱ってしまいますよ」

医師は厳しく注意した。

精一杯のことをしたのに、叱られてしまった彼女は眉を曇らせた。

「ああ、でもね、きっと大丈夫でしょう」

彼女の困った顔を見て、医師は慰めの言葉をかけて病室を出ていった。

しかし、赤ん坊の熱は一向に下がらない。泣くことにも疲れてしまったのか、熱で赤みがかった顔をしてぐったりとしている。

その寝顔を心配そうに眺めながら、彼女もついウトウトとしてしまったようだ。寝落ちする寸前、体がカクッとなりはっと目が覚める。

その瞬間、ドアがカチャッと開いた。

ぼやっとした頭で、点滴を換えにきた看護婦さんかな？　と思った。ドアの方に視線を向けてみるが、誰も入ってこない。

「どなたですか？」

思わずドアに向かって問う。

すると、少し開いたドアから何か白いものが見えた。ドアの向こうの廊下の照明は落ちており、少し開いた縦のスリット状の隙間が闇に染められている。その隙間から、ノブよりもまだ下の位置に白いものがある。目を凝らすと、なんと人の手だった。

（誰か開けようとしている……）

それがわかった瞬間、椅子に座ったまま固まった。金縛りである。

まったく体は動かないが、目だけはドアを見詰めたままだ。ドアの隙間には相変わらず、白い手がそのまま張りついている。ただ、手首から上は闇に溶け込んで見えない。

怖ろしいことが起きていた。視野の隅に赤ん坊が寝ているベッドが映っている。そこに動くものがあり、徐々に視野の中に像を結んでいく。ゾッとした。

なんと、ドアの白い手に向かって、赤ん坊が這い這いしているのだ。

生後七ヶ月の赤ん坊である。まだ這い這いなど出来るはずがない。有り得ないことが起きていることだけは確かだった。悪夢に違いないと思った。

必死で這い這いを止めようとしたが、椅子に縛りつけられた体はまったく動かない。

『ダメ！　行っちゃダメ！』頭の中で繰り返し叫ぶ。

しかし、赤ん坊はなおも手に向かってベッドの上を進んでいく。ベッドの端まであと少しというところで、赤ん坊はがクルッと振り返った。

無表情な表情。まるでハニワのように、目と口の部分が真っ黒な穴になっている。彼女の知っている赤ん坊の顔ではなかった。振り返ったまま、じいっとこちらを見据えている。激しく混乱しながらも、赤ん坊から目を離せなかった。すると、みるみるうちにいつもの我が子の顔に戻っていった。

その途端、うぇ〜ん、うぇ〜んといういつもの泣き声が、さっきまで赤ん坊が寝ていた場所から聞こえた。えっと思って顔をそっちに向ける。赤ん坊は変わらずそこで寝ており、いつの間にか金縛りも解けていた。

急いで赤ん坊の様子を見ると、少し熱が下がったのかぐずらなくなっていた。恐る恐るドアを見ても、ぴっちりと閉まっていて異常はない。

(金縛りで、幻覚を見たのか……)

安心してぐったりと力が抜ける。

喉が乾き切っていたので、自販機の飲料水を買おう思った。赤ん坊はすやすやと寝はじめたので、そっと廊下に出ようとドアのノブを握った。

すると廊下から、ペチャ~ン、ペチャ~ン……。

濡れた素足でリノリウムの廊下を歩くような足音が聞こえる。いくら何でもスリッパも履かないで、裸足で歩く者などいるはずがない。

もしかすると薬で朦朧とした患者かも知れないと、ドアを少し開けて様子を窺った。

女の子だった。ピンクのパジャマを着た、まだ幼い女の子が廊下にいた。暗くて顔は見えないが、おっかぱの女の子が廊下を歩き去っていく。

ああ、やっぱり入院している女の子か、と思った。

ところが次の瞬間、我が目を疑った。女の子は一人ではなかった。手をつないでいる。手をつないでいる相手の姿は見えなかった。暗い廊下のせいだと思ったが、つないでいる手は白い手をしていた。それはさっき見た白い手と酷似していた。

しかも、その白い手は手首までしか見えなかった。


手首までの白い手と手をつないで、歩いていく女の子。さっきの赤ん坊と同じ顔をしていた。

唖然と見ていると、クルッとこっちを振り向いた。

まるで、ハニワのような感情のない顔だった。

反射的にドアを閉め、赤ん坊と同じベッドにもぐり込む。頭から布団を引っ被り、赤ん坊を抱きしめながらギュッと目を閉じる。廊下に何かの気配を感じて、震えが治まらなかった。


いつかそのまま寝てしまったのだろう。

目が覚めると朝が来ていた。もうすっかり赤ん坊の熱も下がっている。

やっと、もう大丈夫だと安心して洗面所に行った。そこで二人の看護婦が小声で何か話し合っていた。

「402号室の女の子、急変しちゃったのよ……甘くみちゃいけないわねぇ」

402号室は隣の病室である。気になった。

話している二人の看護婦に「何かあったんですか?」と訊いた。

「え? ああ、今朝早く患者さんが亡くなったそうです」

言葉少なに最低限のことを教えてくれた。

「もしかして、おかっぱのピンクのパジャマを着た女の子ですか?」

「さぁ、それは……。私たちの担当じゃないので……」

肝心なことは守秘義務があるのか、明かしてくれなかった。

しかし、あの女の子に違いないと確信できた。きっと連れて行かれたのだろう、と……。

投稿者　暁政（男性）

二人の女「発端」

その昔、よく心霊スポット巡りをしていた。

その日も友人を誘って、心霊スポットとして地元では名の知れた愛知県の旧Iトンネルへ向かった。

有名なスポットで、初めて足を運ぶ場所ということもあって、二人とも気分は高ぶっていたように思う。

車を走らせて、新しくできたIトンネルに着いたのは、昼を少し回った頃。

目的地はここではなく、旧Iトンネルだったのでそのまま脇道に入っていった。荒れた旧道のアスファルトはひび割れ、道路際には雑草が伸び放題だった。

うねうねと曲がる道の先に、ぽっかりと大きな口を開けたトンネルが現れる。

二人は明るい昼間にもかかわらず、その不気味な光景に怯えてしまった。真っ暗な入り口の中に照明はなく、墨を溶かしたような漆黒に満たされている。

トンネルはなんとか車一台が通れるぐらいの狭さだった。旧道から延びる道がトンネルの中に誘っているような印象があった。

「どうする？　降りて入ってみるか？」

車を停めたまま、友人に問う。

「いや、ちょっとヤバそうだから車で通り抜けよう」

あまりの不気味さに友人もビビったのか、車でトンネルを通り抜けることにした。

真っ暗で狭いトンネルの中、ゆっくりと車を進めるが、言い知れぬ恐怖のせいか二人には会話すら憚（はばか）られた。

しかし、特に何も起こらず、あっけなくトンネルを抜けることができた。

出口を抜け、明るい午後の旧道に出たことで安心したのだと思う。気持ちに余裕もできていた。

「じゃあ、もう一度トンネルを通って帰ろうか」

Uターンして、出てきたばかりのトンネルに再び突入した。

今度も何事もなくトンネルを抜けた。そのとき私は余計な事を思いついてしまった。

「なぁ、何もヘンなことは起こらなかったし、このまま帰ってもつまらないから、トンネルの壁に名前でも刻まないか？」

友人は即刻のってきた。

「そうだな、石を使えば刻めるかもな」

車を降りて、二人はトンネル入口の壁にガリガリと名前を石で掘った。

不届者の落書きのように印を残し、気が済んだ我々は引き上げることにした。

さて……その夜のこと。

私は突然の金縛りに遭った。

その際の意識ははっきりとしていた。ただ、心霊スポットに行ってきたということもあり、かなり怖かったことを覚えている。

(早く解けてくれ!)

そう願いつつ、ぎゅっと目を閉じて金縛りが解けるのを待っていると、ある映像が脳裏に浮かんだ。

場所はどこかのキャバクラのようなところ。

その店は全体的に真っ白だった。私は店のカウンターで支払いをしていた。いや、それが私なのかはわからないが、視点が支払いをしている客の目線だった。

隣りには二人の女が立っていた。ひとりは細身で長身の白い服を着た色白の女。もうひとりは小柄で、黒い服を着た黒髪の女。

ただ、気味悪いのは黒髪の女の顔にモザイクがかかっていたこと。白い女はニコニコと笑顔を振りまき、黒い女はモザイクの顔を見せたくないのかずっと俯いている。

私はカウンターに背を向け、店の出口でふと振り返った。

すると、すぐ目の前にさっきの女二人が立っている。突然、白い女が甲高い声で「フフフフ……」と笑い、何か呟いた。

何事かと驚いて白い女に目をやると、突然、私の首が絞まっていることに気づく。ものすごく苦しい。息が詰まり、金縛りの中ではあるが、必死にもがいていた。こいつらの仕業かと二人の女に目を向けたが、二人とも両腕をだらりと下に垂らしている。

(じゃあ、誰が私の首を絞めているのか……?)

そう思った瞬間、なんとか目を開くことができた。

だが、絞まった首は苦しいまま。視界には真っ暗な自分の部屋の天井が見えている。そして、足元には掛け布団が丸まっているのがどうにかわかった。

そこまで視線を移動したとき。

(……えっ!)

私は絶句してしまった。事態は次のステージに移っていた。

足元の掛け布団の向こう。真っ黒な何かが存在していた。

そして、それは揺ら揺らと動いている。私が目を閉じる間もなく、それは姿を現した。


パーマのかかった黒髪の女だった。


髪は濡れているのか、顔にベッタリと張りついている。

目がある辺りは黒く陰り、窪んでいてよく見えない。掛け布団のすぐ上にいたので、私とは手の届くほどの距離しかなかった。

あの顔にモザイクのかかった女なのか。

私はパニックに陥りそうになりながらも、とにかく金縛りを解こうと意識を集中した。

全力を振り絞って寝返りを打とうとした。

私の金縛りは体が硬直するのではなく、ずんずんと体が重くなる。金縛りに遭うと、無理やり寝返りを打つと金縛りが解けることがあったのだ。

今回も運よく寝返りを打った途端、金縛りが解けた。

急いで起き上がり、部屋の電気を点ける。部屋のどこを見ても黒髪の女はいない。首を絞められていた感触も嘘のように無くなっていた。

この日起きた、二人の女が絡む不可解な現象は、それからも一週間の間毎晩続いた。
そして、怪異はこれで終わりではなかった。
始まりだったのだ。

二人の女「結末」

そんな奇異なことが続いていたある日のこと。

私は当時つき合っていた彼女とドライブをしていた。遅くなったので、どこか泊まるところを探すことに。

車を運転しながら、時間つぶしに助手席の彼女に毎晩起こる異様な金縛り現象のことを話した。

すると、話している途中で無性に怖くなった。なぜだかわからない。突然、訳のわからない恐怖に襲われたのだ。

……その時、有り得ないことが起きた。

「フフフフ……」

聞き覚えのある、あの笑い声が頭の中に聞こえた。

とっさに助手席にいる彼女を見ると、彼女も何かに怯えている様子。

「どうした？」

冷静を装いつつ尋ねた。

「ううん、なんだかわからないけど……ちょっと怖い」

思いがけないことを言う。

ただ、笑い声は聞こえていない様子。

気にしないで、楽しい話をしようということになったが、何かが気になってすぐに沈黙してしまう。

黙ったまま、ホテルに到着した。

ロビーに入ったとき、右側にあるエレベータがなぜか気になった。

上り専用のエレベータで、人が外からスイッチを押さない限り扉は開かないはず。それが音もなく、視界の隅で扉がすっと開いた。しかも、開いた扉の左下に、何か白っぽいものが蠢いている。

「ここ、やめて……出ようか？」

嫌な予感がした私が提案すると、彼女も何かを感じたのか首を縦に振る。

立ち去るべく体をひねった際に、またさっきのエレベータに目がいってしまった。

（うわっ！）

喉の奥で叫び声を上げてしまった。

エレベータの左下に、あの金縛りのときに出てきた白い女がいたのだ！

彼女が固まったように怯えているのがわかった。エレベータの内部は、誰も人が乗っていなかったことを証明するかのように人感の照明は落ちていた。

そして、あの笑い声……フフフフフ……と。

すると……パチッ！　パチパチッ！

誰も触っていない、誰も乗っていないのに照明が点いたのだ。

二人は一気に怖くなりホテルを走り出た。やっと見つけたコンビニの駐車場で、さっき起きたことを確認しあった。

どうやら彼女は白い女を目撃しておらず、笑い声も聞こえていなかった様子。ただ、エレベータの左下に、何か白いモヤ状のものが動いていたことは覚えているという。

あのホテルには何かある。

少しでもあのホテルから離れたい一心で車を走らせた。途中、疲れ切った私たちは車の中で仮眠して翌日を迎えた。

その日の夕方、私の携帯電話が鳴った。

友人が興奮気味に話す。

「なぁなぁ、聞いたか？　小田（仮名・友人）がよぉ、今朝、首吊り死体を発見したぞ」

とんでもないことを自慢げに報告する。

「いや、初耳だけど、第一発見者ってことか？」

「そうなんだ。朝四時半頃かなぁ、Ｆラインの橋が二つ架かったところあるだろ？　そこに女の人がぶら下がってたらしいぞ！」

それを聞いて私は少なからず驚いた。

（えっ？　その場所は四時くらいに車で通っている……）

彼女と二人で橋を通ったのは、確かにその時間帯だった。まだ辺りは暗かったせいか、その時には幸い何も見ていない。


ただ、友人からの不吉な報告のあと、不思議なことがあった。

この日を境に、毎晩続いていた怪奇な現象が収まった。

突然、終わったのだ。

ただ、それとは逆にその橋では、続けて数人の自殺者が出たようだ。

思えば、私にとってこの震撼すべき出来事が起こりはじめたのは、心霊スポット突入した日からだった。

あの夜の奇妙な金縛りでは首が絞まる苦痛があった。その後、見知らぬ二人の女を幻視してしまう。

さらに、彼女と立ち寄ったホテルでの異変と含み笑いする白い女の目撃。脈絡は無さそうにみえるが、首吊り自殺があった橋の一件が妙に気にかかった。


そんなことを先日、怪談仲間と話していた。

話しているとき、ふと思い出したことがあった。金縛りのときに現れた白い女と黒い女は、手を両脇にぶらりと下げていたということ。

つまり、私の首を絞めてきたのは、その女たちの手ではなかったかも知れない。

もうひとつ、奇異な点があった。白い女はやたら長細かった印象がある。特に、首のあたりが極端に長かった。まるで、物凄い力で上下に引っ張られたかのように。

そして、女はウフフフと笑っていただけではなかったことを思い出した。

私が首を絞めつけられていたとき、こう言っていたように思う。

『ほら……こうやって死ぬんだよ』と。

ということは、白い女も、黒い女も犠牲者。

それよりも前、何らかの原因で一つの怨念が濃縮され、次々に道連れとして犠牲者を探し続けている何かが居る、ということなのかも知れない。

それらの顛末を思い出し、こうして投稿する話をまとめている今、鳥肌が止まない。

投稿者　釜吉（男性・長野県）

第六感という言葉だけで変異を片付けてはならない。
いかに合理的な説明も、モノクロームのように色褪せてしまう。
それは気配を感じるレーダーにまた何かが反応しているから。

彫塑の男

夜八時頃に仕事が終わり、神戸三ノ宮にある行きつけの立ち飲み屋に寄った。

その日もけっこう客は多く、私は片隅に陣取って飲むことにした。酎ハイを注文してチビチビと飲んでいると、皺だらけのかなり痩せた六十歳ぐらいの男が入ってきた。

男は私の隣で生ビールを飲みはじめた。いつもの癖で、私はつい彼に話かけてしまった。

とりあえず仕事の話を振ってみる。

「お仕事、何をされてるんですか？」

できるだけ笑顔でさりげなく訊く。

「チョウソ、してんねん」

「チョウソって？　何ですか？」

「彫塑、知らんか。像とか創る……う～ん、彫刻みたいなもんや」

私は少し興味をそそられた。

「ああ、その彫塑ですね。すごいじゃないですか、芸術家ですねぇ！　ちなみに、どんな作品を？」

「女の像とかが多いかなぁ」

「へえー、どんな風に作るんですか？」

男は少し間を置いた。険しい表情を作り、話すことをためらっていたが、やがて私の質問に答えはじめた。

「まずは鳥とか猫とかを殺してな、その血を材料に混ぜ込んで作んねん。四十～五十万円ぐらいで売るんやけどな……」

内心、聞かなければよかったと思ったが、気持ち悪いながらも成り行きで質問を続けた。

「それって、けっこうな値段ですけど、売れるんですか？」

失礼だとは思ったが、酒の席でもあるし許されるだろうと思った。

「ああ、出来た先から売れるで。まあ、買ぉた人は絶対死ぬんやけどな……」

剣呑なことを口にして、男は薄ら笑いを浮かべた。

「死ぬって……何で、買ってくれた人がそんな事になるんですか！」

「俺は人を呪い殺すために生きてるんや。だからや！」

人の死を何とも思っていないような、男の言い草に腹が立った。

「じゃあ、僕は人の魂を救う宿命を背負ってるんで、そんなん防ぎますよ」

酔っているせいか、しばらく不毛の言い合いが続いた。

なぜ、男を刺激するようなことを口走ったのかはわからない。ただ、男の戯言（ざれごと）のような
それを阻止したかったのかも知れない。

「魂を救う？　はっ、そんなことできる奴はおらん。お前に呪いをかけたろか！」

「僕は絶対に死にませんよ！　殺せませんよ！」

「そうか、それやったら、かけたるわ！」

そう言い放つと、男は早々と店の会計を済ませ、出口に向かった。

私は男の後ろ姿を目で追った。

店の扉を開け体半分外に出たとき、男は急に振り返った。

私に向かって「（ムニュムニュムニュ……）」と、何を言っているのかわからなかったが、
何か呪文らしきものを唱えた。

「お前、絶対に死ぬからな！」

他の客にも聞こえるような声で吐き捨て、男は去って行った。

（なんやねん、あのおっさん！）

むっとしながら、男の隣で我関せずで飲んでいた顔見知りの客に、「さっき、隣にいた人、知ってる？」と訊いてみた。

顔見知りは意外な返事をする。

「ええ、隣に誰かいたっけ？」

私と言い争いになっていたのに、男の存在をまったく認識していない。

（あれ？　そんな馬鹿な。あれは幻やったというのか？）

不思議に思いつつ、念のために男が会計をした店員にも訊いてみた。

「ああ、いましたよね。初めて来る方だと思いますけど……」

店員はちゃんといたと答える。

ほら、やっぱりおったんやと思いつつ、私もしばらくして店を出た。

不可解なのは、男を見たという者と見なかったという者が存在することだった。『見える』『見えない』は、霊感の有無なのだろうか。しかし、男が飲んだビールやつまみの皿はそこにあった。ちゃんと勘定も済ませている。訳がわからなかった。

ただ、私の身に奇妙な異変が起きた。

その日の夜から一ヶ月ほど、微熱と体の異様なだるさが続いたのだ。

風邪を引いた覚えもないし、体調が悪かった訳でもない。あの男が店を去る寸前、私に向けて呪文を唱えてからの異変だった。

まあ、死ななくて良かった、他の人だと死んでいたかも知れない、と正直思った。

それにしても、今も彫塑がらみの死者が出ているのだろうか？　あの男はいったい何者だったか？　あの日からいっさい男の姿を見かけることはない。

投稿者　いまちゃん（男性・兵庫県）

香港駐在員の妻

かつて、香港に二度駐在した経験がある。これはその二度目の時のこと。

勤めていた会社には、親しくしていた岡田（仮名）君という若い社員がいた。

仕事上の相棒でもあり、よく一緒に台湾に出張していた。彼とは家族ぐるみのつきあいで、奥さんとも親しかった。そして、この奥さんの明子（仮名）さんの周りでは、非常に不可解な現象が多発していた。彼女に霊的な力が具わっており、不可思議なことに遭遇する機会が茶飯事的に多かったとしか言わざるを得ないのだ。


例えば、私は名機といわれた一眼レフカメラを彼らに安く譲ったことがある。

彼らもそれを大変気に入り、奥さんがマンションの室内、街の風景などあたり構わず撮りまくっていた。ところが不思議なことに、ベランダのプランターの朝顔だけはまともに写らなかった。

どんな状態かというと、なぜか朝顔の花の部分だけがガラスのように透けてしまう。朝顔を撮っているのに、遠景のビクトリア湾の風景やベランダの手摺りだけが変なアングルで写っているのだ。

まさか朝顔の幽霊など存在する訳はないが、そこにあるべき被写体が写らない現象は謎のままだった。

ただ、これに限らず、説明のつかない異変はいろいろ起きた。

彼らの家では子供がいなかったこともあって、ペットの犬を飼っていた。

せっかく飼った犬だったが、もともと病気持ちだったようで、すぐに亡くなってしまう。

ところが毎年、犬の命日になると部屋中が犬の匂いで充満するというのだ。

さらには買い物を終えて、彼女が部屋に帰ってくると、部屋中の写真立てがすべて床に落ちているということもあった。

さらに、一人の時も二人でいる時も、のべつまくなしで電源の入ってないＣＤプレイヤーがいきなりオンになり、入れっ放しのＣＤが大音響で鳴り響くことも。

またある時は、彼女が香港の日本人妻仲間と出かけようとしたところ、忘れ物をしたことに気づいた。すぐ部屋に取りに戻ったのだが、なぜか内側から防犯錠が掛かっている。

もちろんご主人は出勤しているので、さっきまで部屋には彼女ひとりだった。それなのに、なぜかガッチリと内鍵が掛かっている。友達たちに来てもらい、ああでもないこうでもないと鍵をこじ開けようとしたのだが埒があかない。防犯用の錠は頑丈そのもの。結局、プロの鍵屋を呼ぶことになった。

しかし、プロの鍵屋でもどうしようもなく、これは壊さないと無理だということになった。仕方なく外から内鍵を壊し、また新しい内鍵をつけて落着した、

鍵屋によると、内鍵は室内から掛けなければ絶対に掛からないので、誰かが中にいたはずだと最後まで言い張って帰っていった。しかし、鍵屋自身も中に誰もいなかったことは確認している。ならば、いったい誰が中から鍵を掛けたというのだろう。

岡田君自身は、そういう超常現象が頻発したにも関わらず、まったく認めていなかった。無神論者とまではいかないが、霊的な現象やオカルトなど理屈に合わないことは根っから信じていなかった。

そんな彼ではあるが、心胆を寒からしむるようなことが起きてしまった。

ある日、私が出社すると岡田君がやって来た。なにか戸惑っている様子だった。

「いやぁ、女房の明子がね、変なこと言うんで困ってるんですよ。『太古城』駅に近いと

ころで、新しいビルを建てているでしょう？　あそこが火事になる夢を見たっていうんですよ」

そのビル工事は私も知っていた。

モダンな外観の高層ビルになるはずだった。

「へえ、それって予知夢かも知れないよ。奥さん、妙な力があるんだろ？　あんまり近づかない方がいいかも知れないね」

そういう話が好きな私は興味津々に返した。

案の定、そういうことを信じない彼はちょっと釈然としない面持ちで聞いていた。恐らくは一緒に否定してほしかったのだろう。


しかし、翌日、そのビルは火災になった。

奥さんの夢は現実のものとなった。これには驚いたが話はこれで終わりではなかった。

数ヶ月後のこと。奥さんは同じビルがまた火事になる夢を見たというのだ。

「いやいや、これは完全に女房の過去の夢の記憶が、また夢として繰り返されているだけでしょう」

岡田君は今度こそ完全否定した。

無理もない。同じビルが数ヶ月後にまた火事になるなど、普通では考えられない。だから、岡田君は納得できる説明ができたことに満足していたのだ。

だが、その翌日。

そのビルは再び火災に見舞われた。岡田君は言葉を失ったという。

投稿者　桃源坊（男性）

白い固まり

この奇妙な体験は、私が大学二年の頃だった。

当時、友人数名と大学生を対象にした中南米への海外ミッションに参加した。異国の海岸沿いのリゾート風コテージに寝泊りし、珍しい文化に触れるドキドキするような毎日を過ごしていた。そんなある日、十人ほどの仲間と宿舎から一時間ほどかかる町へカーニバルを見に出かけた。ラテンの陽気なリズムに酔い痴れ、夜の十時頃、マイクロバスで宿舎への帰路につくことに。

コテージへはあと十五分ほどだった。みんなは疲れていて、バスの中では居眠りをする者も多かった。真っ暗の道を走り、ある村を通りかかったとき、それに遭遇した。

その村を通り過ぎていると、仲間の一人がぽつんと言う。

「おい、みんな、今何か感じなかったか?」

私は何も感じなかったし、そいつが何を言いたいのかも不明だった。

ところが、後ろの座席にいた別の一人が同調する。

「おお、オレも感じたっていうか、見えたよ」

そいつの言っていることも意味不明だった。

この真っ暗の中、何が見えたというのだろう。

よくよく聞いてみると、別々の席に座っているにも関わらず、二人の話はまるっきり同じだった。それは村を通り過ぎるときだったという。


白い何かの固まりが見えるというか、感じたというのだ。


奇妙な何かは体の前からフワッと入り、背中の後ろへと抜けていったらしい。

しかもそれは二つあり、はっきりと大小の区別ができた、と。

「お前ら、寝惚けてんじゃないのぉ？」

二人以外は誰も体験していなかったので、皆にさんざん馬鹿にされた。

感覚的なことなので、二人はそれ以上何も言えなくなり黙ってしまった。

次の日、ランチは魚介類でも食べに行こうということになり、皆で運転手に頼んで連れていってもらった。案内されたのは、偶然にも昨夜の村に近い海沿いのレストラン。珍しい魚介を食べて、楽しい食事のひとときを過ごした。

ゆっくりランチを楽しんだ後、再びマイクロバスでコテージに戻る。走り出したバスは、昨夜の村の方に向かった。外を眺めていた私たちは、村外れで思わず息を飲んだ。

村外れに多くの村人が集まっている。村人たちは暗い表情をし、中には泣いている者もいた。列を作ってゆっくりと歩いていた。葬式である。村人たちは棺を高々と担ぎ上げ、行進していた。

その棺は大人の棺と小さな子供の棺だった……。

海で亡くなったのだろうか。どんな理由で二人が亡くなったのかはわからないが、私たちは全員昨夜の異変を体験した二人の話を思い出していた。

何かを感じた二人に霊感があったのかどうかは知らないが、確かに二人だけが悲しいメッセージを受け止めていたことは確かだった。異国での、不思議な想い出である。

投稿者　Ｊｏｓｅ（男性）

一年間

小学三年生まで住んでいた家で、ほぼ毎晩それは起きた。

当時、両親は新聞配達をしており、夜中の二時頃になると両親そろって仕事に出て行く。私は両親と三人で寝ていた。部屋のガラリ戸を開けると同じような部屋が隣にあり、十五歳になる姉が一人で寝ていた。

いつものように両親が新聞配達のために部屋を出て行く頃、私も目が覚めて起きてしまった。しかし、すでに両親の姿はなく、私は部屋に一人残されていた。

寂しかったのか怖かったのか、心細くなり姉の寝ている部屋で一緒に寝ようと思った。私は一人残された部屋を出て姉の部屋の戸の前に立った。

廊下も部屋も真っ暗で、何も見えない。狭い家なのに、なぜか目の前の暗闇は広い場所のように感じた。

間違いなく、見慣れた姉の部屋の戸の前のはずなのに、目の前の空間が広がっているような気がした。

次の瞬間、私の両肩にペタッと手が乗る。

辺りは真っ暗で、その手も実際は見えていなかった。

しかし、私ははっきりと理解していた。その手はすぐ目の前から伸びて、私の肩に乗っているということを……。

しかし、その手が幽霊のものだとは思わなかった。姉だと思っていた。ところが、手が肩に乗ってから後のことは何も覚えておらず、気がつくと自分の布団で寝ていた。

朝になって姉に訊いてみた。

「お姉ちゃん、昨日の夜、僕の肩に両手乗せたやろ?」

「何のこと? そんなことしてへんで」

あっさりと姉に否定されてしまった。

そこで私が体験した不思議なことを姉と両親に話してみた。

「夢でも見たんちゃうん? そんなん夢に決まってるわ」

頭から信じてもらえず、夢だと片付けられる。

しかし、あのリアル感は夢とは思えなかった。同じことを何度言っても、誰も取り合ってくれなかった。

さて、次の日の夜中。

目が覚めた私はまた部屋を出て、姉の部屋の前に行ってしまった。

その時は、まだ両親が寝ていたのかどうかは定かではない。そして、なぜ部屋を出たのかも私にはまったくわからないのだ。

何かに呼ばれるかのように目が覚めて部屋を出た。そして姉の部屋の前に行き、また両肩に手が乗る……。確かにそこまでは覚えていた。

ただ、それから後のことは記憶にない。次に目覚めるといつもの部屋で寝ていた。まるっきり同じことが二日続けて起こった。

それからは毎晩だった。繰り返し決まった時間に同じ異変が起きる。親に言っても夢で済ませられる。姉からは完全に馬鹿にされてしまった。

日を追うごとに、訳のわからない疑問は大きくなり、私は布団の中で目を見開き、寝ないように努力した。しかし、いつの間にか寝てしまい、目が覚めると姉の部屋の前に行ってしまう。

ただ、その時はまだ怖いという意識はなかった。ほとんど夢遊病のような状態だったからかも知れない。現実と夢のはざまという日々だったように思う。そんな毎日がほぼ一年続くことになる。

そしてある日、事態は急変した。

その夜も、いつものように私は姉の部屋の前に行った。そして、いつものようにペタッと両肩に手が乗る。もう慣れっこになっている儀式のようなものだった。

この後、いつもなら気がつくと布団の中で目覚めるのだが、今回は違った。私の肩に乗った両手がググッと力を入れて押さえ込んでくる。

私は思いがけない展開に、えっと思った。いったいどうなるのかと戸惑った。そのままその場にしゃがむような格好になり、正座をさせられた。

正座をするとき、両膝の間から床が見えた。驚いたことに、そこは姉の部屋の前の板張りの廊下ではなかった。

一面に畳が敷き詰められている。あれあれ？　と思って顔を上げると、目の前は横開きの戸のはずなのに、畳敷きの部屋が広っていた。しかも、周りには喪服を着た人たちがいて、その向こうには祭壇がある。間違いなく葬式の場面だった。

いったい誰の葬式なのかはわからない。喪服の人たちの顔もぼやけてはっきりとしない。なぜ私がその場にいるのかもわからなかった。

途方に暮れていると、ふっと目覚めた。いつものように布団の中で寝ている。

この後、私の身に起きていた不思議は結末を迎えた。葬式の光景を見てから、ピタッと異変は起こらなくなったのだ。

今考えると、あれは夢だったと思うが、一年間も毎晩のように同じ夢を見ることなどあるのだろうか。ただ、原因があるとすれば、一つだけ心当たりがある。

あの異変が始まった頃、叔父が亡くなっていた。私もまだ子供で、遠方でもあり葬式には参列していない。

もしかして、あれは叔父の葬式だったのか……。

確かに、たまに会う私をとても可愛がってくれてはいたのだが。

投稿者　Z・T（男性）

二畳の小部屋

私が通っていた高校には寮があった。

家から通うには遠いので、その寮に入ることにした。

入った寮は学校でも二番目に古い木造の建物だった
すぐ近くには鉄筋コンクリートの立派な寮が建っている。なんでそっちではなく、こんな古い寮に放り込まれたのかと、後悔の気持ちでいっぱいだった。

あてがわれた部屋は二階で、同級生との二人部屋。

陰気でボロっちいことに嘆きながらも、親から離れた解放感に包まれていた。寮の友達もたくさんでき、それなりに寮生活を楽しめるようになっていた。

こういう古い寮にはつきものだが、案の定、先輩たちからは寮にまつわる怪談を散々聞かされる羽目になった。

単なる噂話、寮にまつわる都市伝説だと話半分で聞いていた。信じていないというより、真剣に聞くと怖かったからかも知れない。

ある日の夜のこと。

消灯時間もとっくに過ぎている頃、隣の部屋の同級生が血相を変えて私たちの部屋に飛び込んできた。

隣の部屋は角部屋で、ここより少し広くて三人部屋になっている。

その角部屋だけ、二畳ほどの別室がある。先輩からは、そこにお婆さんの幽霊が出ると聞かされていた。

飛び込んできた同級生に、何があったのか落ち着かせて話を聞いた。

荒い息をしながら彼が言うには、突然、部屋の中に線香の匂いがしたらしい。すると、二畳の部屋からチ～ンというリンの音がする。そんな音がするはずないので、あまりにも怖くなり逃げ出してきたというのだ。

私たちが騒いでいると、先輩たちが部屋にやって来た。

消灯時間を過ぎているのに何を騒いでいるのかと、語気強く理由を訊かれた。隣の部屋で起きたことを話すと、みんなで確かめに行くことになった。

先輩を含めて男七人で、隣の部屋の扉の前に立った。部屋の住人は怖がっているので、先輩のひとりが扉を開けた。すると、確かに部屋には物凄い線香の匂いが充満している。だが、不思議なことに、開けた扉を境に廊下側ではまったく匂いがしないのだ。部屋に濃厚に充満した線香の匂い。寮中に広がってもいいぐらいなのに……。

みんなで意を決して部屋に入った。

二畳の部屋の方から、チ～ンチ～ンとリンの音が響いている。

誰かがその部屋に入って叩いているはずがない。無人の小部屋から、続けさまにリンの音が漏れてくる。これはさすがに不気味だった。

先輩の命令で、部屋の住人のひとりが小部屋を開けることになった。そいつは真っ青になって、ビビりながらも一気に扉を開け放った。すると、重い空気の塊のようなものが、私たちの前をブワッと通り過ぎた。その途端、不思議なことに線香の匂いも、リンの音もたちどころに消えてしまっていた。

有り得ないことが起きている。それだけは私たちも理解できた。

開け放たれた小部屋の片隅に、何年も使われていないような線香立て、お椀形のリン、経本が置かれていた。

「こんなもの、誰が置いた？」

先輩の問いに、誰も答えられなかった。

顔を見合わせていた部屋の住人が言うには、入寮した当初に開けたことがあるが、そのときは何も無かったというのだ。

いつ、誰が、こんなものを置いたのかはわからない。

しかも、火もない人もいない小部屋に匂いがこもり、音がしていたなど絶対に有り得ないことだった。


そんな不可解なことが起きてから、しばらくは何事もなかった。

平穏な日々が寮に戻ったようだった。いつものように消灯時間が近づき、私は寝る準備をしていた。

私は窓側、同級生は扉側に寝る。

その日はなぜか消灯時間が過ぎても目が冴え、遅くまで二人で話をしていた。それでも私は次第に眠くなり、彼の話を子守歌にして寝てしまったようだ。

すると、彼が私を起こす。何やら訳のわからないことをしゃべっているが、眠いので頭に入ってこず、すぐに目を閉じた。すると、また私を起こす。

同じことを何回か繰り返しているうちに、私は腹が立って覚醒してきた。やっと彼が何度も話している内容が理解できるようになった。

「雨の音がするから外を見てくれ」と言っている。

広い部屋でもないし、彼が自分で起きて確かめればいいことなのに、しつこく私に頼んでくる。変なやつだなと思いつつ、仕方なく窓を開け、外を確認するが雨など降っていない。

「雨なんか降ってないぞ」

「いや、お前が眠った頃から雨音がしてるんだよ」

訳のわからないことを言う。

じつは、彼も雨など降っていないことはわかっていたようだ。わかっていたが、雨音のようなものがずっと聞こえる。それで怖くなり、私を叩き起こしたというわけだった。

いい迷惑だったが、目も覚めてしまったので彼の話を聞いていた。

その時だった。二人の会話の切れ目に、サーーーっという雨音が聞こえたのだ。私は窓際に寝ているが、彼と話していたので窓には背中を向けている。おや？　と思って慌てて振り向いたが、やはり雨は一滴も降っていない。

何だろうと、窓の外を覗いて原因を突き詰めようとしても、さっぱり訳がわからなかった。すると、またサーーーっと、雨音がする。

するとその時。

「うわぁぁーーーっ！」

彼の断末魔のような叫び声がした。

彼は両目を見開き、震える指で窓を指さし絶句している。

恐怖に慄いている彼の姿を見て、私も慌てて振り向いた。

そこに、居た。

屋根から、ぞろりと逆さ吊りになった女が、窓の上の方から部屋を覗いていたのだ。

髪の毛は顔の何倍も長く、漆黒のざわざわとした乱れ髪だった。

着ている物は白い着物のようなものだった。さっきからサーーーっという雨音のように聞こえていたのは、女の髪が窓ガラスに触れる音だったのか……。

女は凄まじい形相でこちらを睨んでいた。目尻を極限まで吊り上げ、眼球は血走っているように見えた。

私たちは固まったまま、女から目を離せなくなった。

ただ、恐怖の中で一つわかったことがあった。女の目が凝視しているのは私ではなく、彼だった。ひたと視線が彼に向けられている。

次に、ゆらりと女が移動した。

軒先から逆さにぶら下がっていた女は、ふっと軒先をすり抜けた。そして、こちらに近づいてきたかと思うと、ガラスの窓を……。


私の記憶はそこで途絶えている。

その場で気を失ったのだろう。目が覚めると、朝になっていた。

あれは、もしかして夢だったのか？　そう思って寝ているはずの彼の方を見た。布団に寝ていたはずの彼は布団から逃げるような体勢で、扉に頭を向け、うつ伏せになって倒れていた。

すぐに彼を起こし、私が気を失った後の出来事を尋ねた。しかし、彼は女と目が合ってからの記憶がまったく無いという。

そんな怖ろしいことが起きたものの、それからは幸いなことに私自身には何事も起こらなかった。しかし、彼は突然性格が変わってしまった。賑やかだった性格が一変し、塞ぎ込むようになった。挙げ句、学校を辞めていった。

そして、彼が学校を辞めてから、こんな意味ありげな顛末を知った。

線香の匂いのした部屋の住人の打ち明けた話が、怪異の原因を示唆していた。

じつは、あの線香の匂い事件があった後も、小部屋には線香立てとリンと経本が残されたままだった。気持ち悪くて誰も手を触れたがらなかった。

無頓着に見えた彼に頼んだところ、二つ返事で引き受け、なんと焼却炉に持って行って燃やしてしまったという。

もう、あれから三十年以上になる。私が体験した最も恐ろしい話である。

投稿者　Mr茜（男性・大阪府）

入れ替わり

ある夏の夜。台風一過の解放感から、男四人でドライブに出かけた。

いつの間にか車は山道に差し掛かっていた。

ハンドルを握っているのは、バイク生活の長かった男。車の運転には不慣れで、自信が無いのか狭く荒れた山道に恐れをなし、引き返そうとする。

「大丈夫だよ、この道を抜けたら国道に出るから」

ビビる友人をなんとか諭し、車は山道を進んでいった。

台風の後とあって、途中ところどころ大きな石や土砂が道路を塞いでいる。慎重にのろのろ運転でなんとかそれをやり過ごしていく。

後部席に座っていた私はふと、何か垂れ下がった木の枝が気にかかった。

(あれ、何か引っ掛かってるぞ……)

暗い外に目を細めてそれが何かを確かめた。

おそらく台風の強風で飛んできたビニールかと思った。あるいは布きれかも知れない。ヌメッとした光沢を放っていた。

思えば、気になるそれを目撃したことが、おぞましい体験の前兆だったのかも知れない。しばらく走ると土砂崩れが道の半分を塞いでいた。片方は山の斜面、もう一方は崖になっている。土砂を避けるためには崖側すれすれを走らなければならない。

拙い運転の友人はここでUターンし、引き返そうと主張する。しかし、私は頑なに阻止した。今戻ると、またあの何かぶら下がった木の下を通らなければならない。なぜか、それは避けたかった。理屈ではなく、時折り降りてくる直感だった。

運転している友人はモタモタと車を前へ後ろへと動かしている。助手席の友人がたまり兼ねて車を降りた。誘導をするつもりだったのだろう。

ただ、友人がドアを開けて降りた瞬間、私だけが察知したことがあった。

彼が出ていったのと入れ替わりに、『落武者』が入って来た……。

「オーライ、オーライ！　もっと左！　オーライ！」

外の暗黒の中から、誘導の声だけが山の眠りを妨げるかのように聞こえてくる。

夏の蒸し暑い夜。車内はエアコンを利かせ、窓を閉め切っている。気配として入って来た落ち武者は、私以外誰も感じていないようだった。

すぐ誘導していた者が車に戻って来る。ゆっくりとまた車は走り出した。ところが、たちまち四人は一斉に気分が悪くなってしまう。車酔いとは違う、すさまじい吐き気に見舞われたのだ。

「おい、止めろ！　車を止めてくれ～！」

みんなは口々に叫んだ。

しかし、同じように吐き気を催しながら運転していた友人は急に静かになり、目をあらぬ方向に見据えたまま、黙々と前のめりでハンドルを握っている。ブレーキを踏む気などまったくない。明らかに様子がおかしかった。

（まずい。これって無人で走っているのと同じだろう……？）

半端じゃないくらいの吐き気の中でそう思った。

何かに憑かれたかのように、運転を続ける友人に命を預けたまま、あとの三人はシートに突っ伏すしかなかった。声を出せば戻しそうだった。

みんなはじっと目を閉じ、ひたすら耐えることしかできなかった。私はあまりの気分の悪さに、反射的に後部の窓を少し開けた。

やがて車は山を下り国道へ合流する。すると、不思議なことが起きた。四人とも同時に正気に戻っていったのだ。吐き気など霧散していた。

「何なんだよ~、今のは何だったんだ？」

みんなは同じことを口走って、ぞろぞろとシートに座り直した。運転している友人も、いつの間にか正気に戻っている。

そんな混乱の中で、私だけは知っていた。

誰も気づいていなかったが、国道に出る直前のこと。髪を振り乱した落武者が、私が苦し紛れに開けた窓の隙間からヒュッと出ていったことを……。

蒸し暑い、ある夏の夜の奇妙な出来事であった。

投稿者　シュガーアメジスト（男性）

ビニール人形

「人形はなぁ、魂入れてから殺さなあかんのや」
京都で文楽人形を作っている知人は、事もなげにそんな怖ろしいことを口にした。
魂だけ入れてしまうと、人形は自分が作り物だということがわからなくなるというのだ。
そこで魂を入れてから「ええか、お前は人形やぞ。生きてるんと違うぞ」とたしなめて殺してしまうそうだ。

この人形師の作法が意味するように、確かに人形にまつわる話は洒落にならないものが多い。

こういう不可解なことが起きるのは、手作り人形だけだと思っている人も多いが、必ずしもそれに限った事ではない。大量生産の安物のビニール人形にも怪異な話はある。

結婚した友人夫妻から、新居に遊びに来ないかと夕食の招待を受けた。

訪ねた先は2DKのこじんまりとしたアパート。初めのうちこそ馬鹿話で盛り上がっていたのだが、その友人夫婦はふと浮かぬ顔をする。

何かあるのかなと思っていると、会話が途切れたとき突然、妙なことを言う。

「なぁ、この部屋、何か感じないか？」

二人は心持ち顔が青ざめていた。

なんとなく雰囲気から、幽霊でもいないかと心配している様子だった。さほど私には霊感めいたものがあるとは思わないが、特にその部屋から気配を感じることはなかった。

「いや、別に何も感じんけどなぁ……」

「そうか。じつは夜中にな、話し声がするんや」

いきなり怪談めいたことを言う。

もしかして、訳あり物件にでも当たったのかと内心思った。

「どんな話し声や？」

「ボソボソと低い声で聞こえるねん。台所から聞こえるんや。安普請やからお隣かと思ったけど。それ、子供の声やねん。隣はお年寄りで早く寝はるし、真夜中に子供がボソボソ喋るはずないやろ？」

二人は脅えるように、少し声を潜めた。

真面目な二人だし、怖い話をでっち上げて私を担ぐような性格でもない。

私は声がするという台所に入ってみた。辺りを見渡しても特に気になる箇所はない。何かが『居る』といった気配もなかった。

ただ、天井を見上げると、妙に暗く感じる場所があった。

(ここか……?)

天井には普段は蓋をしてあるが、天井裏の配線などをいじるための小窓のような穴がある。

私は脚立に上って、その蓋を外して天井裏を覗いてみた。

暗がりの中に、小さな段ボール箱を見つけた。埃をかぶって古ぼけている。工事の不用品が残されているのかと、取り出して開けてみた。

すると、箱の中にはビニール製の女の子の人形が二つ。一時流行った、どこでも売っているシリーズ物だった。

ただこの人形、二体とも顔が火で炙られ、黒く無残に爛れていた。

友人夫婦は箱を開けた途端、小さな悲鳴を上げた。

子供の悪戯とか、間違って焦げたとかではない。何らかの目的があって、丹念に人形の

顔だけが焼かれているのだ。それも醜く、執拗なまでに。
前に住んでいた住人の仕業なのか、それとももっと前からなのか……。その人形が何に使われたのかは考えたくもなかった。
私は人形を持ち帰り、寺で供養してもらった。

投稿者　ＳＩＮ（男性）

黄憲生君にまつわる二つの話(一)

私が初めて霊的な体験をしたのは、じつは中国でのこと。

大学を出て就職した会社の仕事で、香港に駐在していたことがある。

その香港から毎月のように大陸へ出張していた。当時の中国は一九八〇年代の前半だったので、自由に立ち入りできる都市は七つほどしかなかった。他の街を訪れるときは、北京の公安局から特別な国内ビザを取得しなければならない。

そこで香港からまず北京に入り、そこから地方に夜行列車に乗って現地入りするということを繰り返していた。

北京の定宿は、天安門にほど近い新橋飯店というところだった。

日系中国人が経営していたので、食事が楽だったというのが大きい。この新橋飯店は戦前からあるホテルで、聞くところによると、文化大革命の騒乱期には政治犯の監獄代わりに使われていたらしい。

怖ろし気な話だが、処刑される者はこのホテルから連れ出されていったという。どこまで真実なのかは不明だが、確かに新橋飯店は古色蒼然とした不気味な感じさえする佇まいだった。

私は取引先の商社の担当者、黄憲生君といつも一緒だった。彼は日中のハーフで、けっこうウマが合う。出張費をできるだけ抑えるため、よく二人で同部屋に泊まっていた。

そんなある時、彼がチェックイン前に嫌なことを口にした。

「このホテルのさ、五階に幽霊が出るらしいんだよ。けっこう有名だよ、知ってた？」

「いや、知らない。それホントか？」

「本当らしい。でも俺たち、これだけ来てても五階の部屋には泊まったことないよな」

「そう言えばそうだなぁ。不思議なことに一度もないよな」

そんなやり取りをしながら鍵を受け取ると、なんとその五階の部屋だった。緊張感半分、好奇心半分でエレベーターに乗った。

一見、ごく普通の五階の部屋だった。ベッドには清潔なシーツが掛けられているし、広々としたツインルームは何の異常もないように思われた。

ただ、五階フロア全体に漂う空気が澱んでいるように感じた。あまり、五階は使われていないのだろうか。

その日、季節は冬だった。北京の冬は猛烈に寒い。部屋に入ると、スチームが強烈な熱を放っていたので、ときどき窓を開けて調節しなければならないほどだった。

夜遅く、二人はツインベッドに分かれて眠ることにした。しかし暑い。ベッドに入ってまだ五分も経っていないのに、スチームの放熱に悲鳴をあげた。しばらく窓を開けようと、私はベッドから降り立った。

その時だった。部屋のドアノブを誰かがガチャガチャと動かしている音がした。

廊下に誰かがいて、ドアノブを回そうとしている。鍵を掛けてあるのでドアは開かない。それでもしつこく開けようとしていた。もしかしたら針金のようなもので、鍵穴からこじ開けようとしているのかも知れない。となれば、間違いなく泥棒である。

小さな声で隣のベッドに寝ている黄君を呼んだ。

「おい、憲生。起きろ。誰か入ってこようとしているぞ！」

ところが黄君はまったく反応しない。熟睡しているようだった。

私は意を決して、仕事の荷物の中から鉈を取り出した。鉈は現場での作業で使うことが多かったので、いつも出張には持ってくる。事は急を要していた。もうこうなったら武力に訴えるしかない。

裸足のままカーペットの上を抜き足差し足でドアに近づく。ドアノブは、まだガチャガチャと動いている。いつ解錠されるかわからなかった。私は鍵を外すと同時に、ドアをバンと引いて鈍を正面に突き出した。


ところが……誰もいない。

すぐ廊下の左右を確かめたが、どこにも人の姿はない。

廊下には煌々と灯りが点いており、しかも左右どちらも端まで長い距離がある。

走り去るには不可能な距離だった。どこか他の部屋に逃げ込んだとしても、当然ドアが開閉する音がしてしかるべきだった。しかし、静かな廊下に何の音もしなかった。

私は狐につままれた感じのまま、鈍をバッグに仕舞ってベッドに戻った。窓を開けることなど、とうに忘れていた。

ところが、十分ほどするとまたドアノブがガチャガチャといいだす。

もう間違いないと確信した。私は今度こそと鈍を持って近づき、窓穴から廊下側を覗いてみた。相変わらずドアノブはガチャガチャ動いているが、目の前の廊下には人影はない。

もしかして、しゃがんでいるのかと鍵を外してドアを開けた。だが、誰もいない……。

こんな不可解なことが、深夜一時頃から朝の四時過ぎまで繰り返し続いた。

こっちも意地になっていた。眠気などどこかへ吹き飛んでいる。ところが、その怪現象は突然ぱったりと止んだ。それが四時頃だったのだ。それから朝六時頃までやっと眠ることができた。

起きてから黄君に事の次第を説明すると、彼は事もなげに言う。

「知ってるよ。君が鉈を持ってドアのところに行って、開けては戻ってくるを繰り返していたのも。ドアノブがずっとガチャガチャしていたのも。最初から最後までずっと知ってるよ」

「じゃあ、なんだって、起きてこなかったんだよ！」

「だってさ、怖いじゃないの」

なるほどと思った。反論しようがない当たり前の答えが返ってきた。

私たちはフロントで五階の部屋を代えてもらう交渉をした。ホテルの者は何も訊かずに、部屋を階下に替えてくれた。

それ以来、新橋飯店ホテルの五階には泊まったことがない。

黄憲生君にまつわる二つの話（二）

さてこの黄憲生君という男、じつは幽霊を見たことがあるという。

新橋飯店というホテルでの怪事件がきっかけで、彼が自分の体験談を語ってくれたのだ。

黄君は日中ハーフで自宅は横浜だった。

その横浜の自宅で、後にも先にも一度だけ幽霊を見たという。


ある日、中華学校の親しかった同級生がバイク事故で亡くなった。

悲しい葬儀も終わり、数ヶ月が過ぎた頃。やっとショックから立ち直って、いつものように二階の部屋で寝ていた。

冬の深夜、ふと目が覚めた。

部屋の空気に何か違和感を覚えた。部屋を見渡すと炬燵の辺りがぼんやりと明るい。炬燵の電気を消し忘れたわけではなかった。何だろうと目を凝らすと驚いた。真っ暗の中、誰かが炬燵にあたっている。

（はぁ……誰だ？）

不思議と恐怖感はなく、起き上がってもう一度よく見ると、なんと数ヶ月前に亡くなったその友人だった。

「おい、なに寝てるんだ。早く起きてこっちへ来いよ」

死んだはずの友人はごく普通にそう言う。

まだ半覚醒のまま、黄君はベッドに座ってぼんやりと友人を眺めた。まったくリアルな人間がそこに存在していた。

「あれぇ、お前、死んだんじゃなかったのか？」

「バカ言ってんじゃないよ。いろいろあって、なかなか出て来られなかったんだよ」

頭から死んだことを否定する。

後で思い返してみても不思議な会話だった。友人が口にした『なかなか出て来られなかったんだ』という言葉は、意味深長だったと黄君は言う。

いずれにしても、その時は実体を伴った人間にしか見えなかったので、じつは一命を取りとめていたのかとさえ思った。

黄君はノコノコと近づいていき、一緒に炬燵に入った。ごく自然に、当たり前のように、他愛もない四方山（よもやま）話を十分ぐらいした。

ふと会話が途切れたとき、友人は穏やかに言った。

「ところでさぁ、今日来たのは、お前に頼みがあるからなんだ」

「なんだよ?」

「一緒に来てほしいところがあるのさ」

そう言うなり、いきなり黄君の腕をがしっと掴んだのだ。

その掴み方は尋常ではない強さだった。ものを頼む態度ではないと思った黄君は、少なからずカチンときた。

反射的に「何すんだよ!」と腕を振りほどく。

すると、友人は執拗に、何度も黄君の腕を掴んでくる。そのしつこさは異常なほどだった。強引にどこかへ連れ出そうとしているように思えた。

勝手に部屋に入ってきて、しかも炬燵にまであたって、今度は寝ている者を起こして、どこかに行こうと強引に迫る。その態度が黄君には気に入らなかった。そんなヤツではなかったはずなのにと、だんだん腹が立ってきた。

いちばん解せないのは、鍵をかけているはずの部屋にどうして入ったのかということ。

「だいたいお前よぉ、どうやってこの部屋に入ってきたんだよ!」

黄君は激しい口調で問い質した。

すると、友人は掴んでいた腕を放し、スゥーッと消えていった。

そこで黄君は、彼が死んでいることを改めて思い知った。

友人がどこに連れていこうとしていたかは自明の理だった。危なかったと自覚した瞬間、もの凄い恐怖が襲ってきた。

それ以来、黄君は一人で寝るときには決して電気を消すことはない。

朝まで、電気は点けっ放しで寝ているらしい。

電気を消すのは、中国で私と同部屋の時だけだという。

投稿者　桃源坊（男性）

世の中のすべての事象は、正常か異常かの二者択一だけで成り立つ。
圧倒的多数の日常の退屈の中に、突如紛れ込んでくる怪異。
制御不能の現象が激震となり、人間の小宇宙に容赦なく飛来する。

山焼き

実家は旅館を営んでおり、両親はいつも午前一時を過ぎないと帰宅できなかった。当時、三歳だった私は山形県上山市で、祖父母と一緒に暮らす毎日だった。そんな中、一週間にわたって同じ夢を見続けたことがあった。

その夢は、物心がつくまでも時々現れては記憶に残るようになっていた。怖ろしい夢だった。藪の中にいる私の周りに火が点くのだ。自分ひとりが取り残され、激しい炎と煙の中で焼け焦げるというものだった。

手がつけられないほど延焼し、慌てて人が駆けつけてくる。そんな危機的な状況や、炎の色や燃える臭いや音まではっきりと記憶に残っている。本当にリアルな夢で、このまま焼け死ぬのではないかと錯覚するほどだった。

その悪夢を見るたびに、私は祖父や祖母に抱きついて怯えていた。

たまに、母や父がやって来ると、祖父母は「もう少し子供にかまってやりなさい、親なんだから」とたしなめていた。

そんな幼少期から数十年、祖父母は亡くなり父も他界した。

私も結婚して子供を授かり、あの恐ろしい夢のことなど記憶の彼方に消し飛んでいた。


ある日のこと、自宅の近くで毎年秋に行われる山焼きが行われた。

豪壮な行事なので、家族で見物に出かけた。萱平という所で萱とススキを燃やし、春に出る新芽の草を牛や馬に与えるのが目的だった。

この山焼きは、いつしか観光の目玉にも指定されるようになった。

山の尾根から尾根までの約三キロにわたって火がつけられ、もうもうと上がる煙は天空千メートルにまで達する。消防車十五台、救急車三台を待機させ、医師も二名参加する。

火の勢いや風の流れを考慮して、晴天の日に行われることが多かった。

大駐車場に車を置き、私と妻、子供の三人で会場まで歩いて行った。

山焼きは午前八時に始まり、消防団の人たちが三メートルおきに立って、前で見ようという観客が山に入るのを防いでいた。麓には土産や食べ物を売る屋台が出ていて、お祭り騒ぎだった。

異様な興奮状態の中、いよいよ萱に火が放たれた。

乾燥しているのか火は瞬く間に広がり、離れて見ている私たちの近くまで燃え広がってきた。わずか数メートル先は燃え盛る炎と煙である。風向きがぐるぐると変わり、見ている私たち見物人の方にも容赦なく煙が流れてくる。煙に巻かれると、煙幕の中にいるようで人の姿も定かではなくなる。

これは危険だということで、見物ラインが下げられていった。見物人たちもハンカチで鼻を覆い、慌てて後退していく。

そんな中、事件が起きた。

子供がどこかに行ったと、妻が騒ぎはじめたのだ。

私たちの横で見物していた子供の姿が消えていた。私はたぶん下の屋台の方に行ったのだろうと、屋台の周りを見渡してみたが小さな姿はそこにはない。

事が深刻になり、妻と必死で探し回ったがどこにもいない。

残る可能性は、燃えている火の中。

私は懸命に祈った「どうか、火の中だけにはいませんように」と。だが、その祈りは届かず、子供の靴が片方だけ萱とススキの間の細い道に落ちているのを発見した。私はそれを拾い、細い道の先を進もうとした。

火はすぐそこまで迫っている。消防団の一人が止めたが、私は大声で子供を探していると叫んで、道の先へと駆けていった。

駆け抜けた道の左右も燃えはじめ、もう戻れない状態になった。退路を断たれたまま、私は子供を探した。少し行くと泥水が溜まっていた。泥水に着ていたジャンパーを浸し、水を吸ったそれを着て先へと進んで行った。

百メートルほど行ったところだろうか、煙の間に見え隠れする子供の影が見えた。子供は道の間にある窪みに入って身を屈めていた。

私は子供を抱き寄せ、怪我がないか体中を確かめた。顔が煤で汚れている以外は、どこも怪我や火傷をしていなかった。ほっとしたのも束の間、周りに火は迫ってきていた。必死で逃げ道を探したが、視界一面火と煙に囲まれている。

その時突然、デジャブのように三歳の時の夢を思い出した。

頭の中は恐怖でいっぱいになった。まさに今の状況だった。あの夢そのものだった。

「子供だけは助けて欲しい！」

私は神に祈り、濡らしたジャンパーを子供の背中に掛けた。

そして庇うように、子供の上に覆いかぶさった。周りの萱が根元から倒れてくる。倒れた枝が四方から私の肩や背中、頭に容赦なく落ちてきた。

(もう、これまでか……)

私は覚悟した。

子供を庇いながら気が遠のいていった。


どのくらい経ったのかはわからない。生きているのか、死んでいるのかさえもわからない。

すると、私に優しく話しかける亡くなった祖父母や父がそこにいた。

「オレ、死んだの?」

私は祖父母たちに問いかけた。

三人は笑って首を横に振った。父は「まだだ。もうじき迎えに来る」そう言うと、すっと消えていった。

気がつくと私は病院のベッドに寝かされていた。

近くには母、妻、子供の心配そうな顔が見えた。気がついた私を見て、みんな良かったと泣いている。

(ああ、助かったのだ……)

私は安堵感から、また深い眠りに落ちていった。

「お前は、二度とあの場所に行ってはいけないよ」

眠りの中で、祖父母の声が届いた。

数十年も前の悪夢が本当のことになり、私は一命を取りとめた。

なんとも不可思議で、運命的な出来事だった。

投稿者　ＭＡＳＡ（男性・タイ）

百物語のルール

同僚の中村（仮名）君から聞いた話。彼が大学生だった頃、奇妙なことが起きた。

ある夜、友人宅で麻雀をしていた。

数時間も経つと疲れるし、少し飽きてくる。そこで、気分転換になんとなく百物語が始まった。

じつはこの中村君、さまざまな恐怖体験をしていた。しかも、この日集まっていたメンバーのうちの二人も、ある程度霊感がある。だから、それぞれが奇怪な体験を幾つもしており、百物語のネタには事欠かなかったのだ。

そんな訳で麻雀そっちのけで、真夜中の怪談は盛り上がっていった。まだ夜明けは遠い時間だったが、もう九十九話までいってしまう。ここで止めておくのが百物語のルールである。しかし、友人のひとりが百話目を話し始めてしまった。

内容は、神奈川県の大山近辺で遭難して亡くなった山男の話。

亡くなった男は、その山の中にある道路を走っていたバイクの荷台に乗り、運転者の背中に張りついて山を降りようとした……という話だった。

（あ～あ、こいつ話しちゃったよー）

終わってからそんな空気が流れ、霊感のある者たちは少し緊張した。

しかし、百話目が終わっても、特に何も異変は起きなかった。やがて夜も明け、みんなは欠伸をしながらそれぞれの家に帰ることにした。

中村君と友人のうちの一人は学生寮の相部屋だった。一緒にバイクで走り、早朝の寮に辿り着いた。まだ寮は寝静まっている。廊下の突き当たり真正面の部屋は、中村君の別の友人の一人部屋で二人の部屋はその隣。徹夜でレポート提出のまとめをするということで、今回の麻雀には行けなかったのだ。まだレポートを書いているかも知れないので、二人は気を遣って部屋の扉を開け、すぐさま仮眠に突入した。

ところが、翌日とんでもないことを聞かされた。

中村君たちは大学に行き、隣部屋のレポートを書いていた友人と教室で会った。すると、その友人は衝撃的なことを言う。

「昨日の夜、お前ら夜中の三時頃に帰って来ただろう？　鍵を開ける音でわかったんだけど、そのすぐ後で変なヤツが俺の部屋に入って来てさ。山男みたいなカッコした髭面の男だったけど、そいつ部屋の真ん中で消えちゃったんだよ！」

もちろん、その友人には百物語のことなど一切話していない。

だから、百話目の『遭難した山男』の話など知る由もないのだ。

やはりというか、ちゃんと出たということか、幽霊が……。

考えられることは一つ。

昨夜、中村君たちのバイクに乗って付いてきたのではないのかということ。寮の中まで付いて来たが、そのまま廊下を真っ直ぐ行って正面の部屋に入ったとしか考えられない。

百物語のルールには根拠があったということである。

投稿者　M・Yさん（女性）

埋立地の会社

かつて勤務していた会社は、四十年ほど前に埋め立てられた臨海工場地帯である。

まことしやかに伝わる噂では、それ以前に海難事故があり、多くの犠牲者が船と共に海の底へと沈んでしまったらしいというもの。そして、遺体をすべて引き上げないまま埋め立てられたというのだ。

そのせいか、埋め立てられた元の海底から地上へと、浮かばれない霊体が『自分は未だここに居る……』と、彷徨って来るという噂があった。

勤めていた会社はその真上に建っている。霊感の強いという社員はもちろんのこと、霊現象などまったく信じない者まで社内で有り得ない怖ろしい体験をしている。

その内の幾つかをご紹介しよう。

社員が更衣室に入ると、見知らぬ男が二人畳の上に座っていたとか。構内を走る車のフロントガラスに青白い女の顔が映っていたとか。また、屋上駐車場からスロープを降りる途中、ある場所に差しかかるとヘッドライトが切れるということも。それも一度や二度ではないらしい。

とにかく、数え上げれば限りがないほどに奇妙な現象が相次いだ。

そのため会社側も放置しておくわけにはいかず、しかるべき人に除霊を依頼することになった。その前に、怪異が起きたという場所の現場写真が欲しいとのことで、私はカメラを片手にすべての場所を撮影して廻った。たぶん百枚ぐらい写したと思う。

すると、とんでもないことが発覚した。

百枚のうち、なんと三十枚ぐらいに得体の知れぬモノが写り込んでいたのだ。

例えば、屋上駐車場では中空を浮遊する二人の女の姿がぼんやり写っていた。

さらに、隣の会社との境の密集した植え込みの中には、太った中年の男の姿。駐車場に停めてある会社の車は、車体がスパッと切れたように半分しか写っていなかった。

写真だけではなく、撮影をしていた私の耳に『おぉぉぉぉ〜っ！』とか『うぅぅぅぅっ！』という、叫んだり呻いたりするような声が聞こえることがあった。

私にも多少は霊感があるのか、おそらく五十体ぐらいの霊体が会社や敷地内に浮遊しているのではないかと感じた。

ところが、除霊を依頼した人によると百人は下らないとのこと。先の海難事故というのは、事実だったのかと想像できるほどの数だった。

除霊は真っ昼間に行われた。

私を含め会社の主だった者が立ち会った。やはりというか、恐れていたことが起きた。

除霊が進んでいくと、霊の存在を示すかのように異変が頻発したのだ。

除霊を行なったのは広い会議室。その会議室の壁、上の階などからミシ、ミシッ……バキッバキッ！　という軋み音や何かが折れるような音がした。さらに、バタバタバタッ……と、目に見えぬ何かが、駆け回るような音があちこちから聞こえていたのだ。

除霊師の力が強かったのか、その後、敷地内での異変は治まった。

しかし、霊体が完全に浄化されたわけではなかった。

彼らはまだ存在していた。会社や敷地の境界辺りで、こちらの様子を窺っているような姿をふと垣間見ることがあった。

一瞬ではあるが、目に焼きつくその姿はおぞましかった。
白骨であったり、足や腕が無かったり……。それは海難事故の当時を彷彿させるような、
痛ましい姿態のままだった。

投稿者　シュガーアメジスト（男性）

野次馬たち

友人がバイクで事故った。

バイクがメシより好きな男で、暇さえあれば乗り回していた。

といっても飛ばし屋ではない。

市内走行をするときは極めて慎重な運転をする男で、テクニックも持っていた。

事故現場は彼の自宅近くの交差点。以前から事故が多発する交差点で、歩道橋が架けられ信号も取り付けられたのだが、それでも事故は一向に減らなかった。

ある深夜、彼はその交差点に直進で入った。交通量も少なくなっていて、右折待ちの車が一台いるだけ。それを確認して速度を落とした。念のためにパッシングまでして、その乗用車が動かぬことを見定めて交差点に進入した。

しかし、何も見ていないのか、その車がいきなり急発進した。

「おい、殺す気か!」

彼は思わずフルフェイスヘルメットの中で叫んだ。

避けてかわせるタイミングではなかった。彼を跳ね飛ばすために急発進したとしか思えない所業だった。

グワッシャーン！　もの凄い音がして、バイクの側面に車が激突した。

当たった瞬間、彼はとっさにバイクを蹴り飛ばして受け身を取った。そのまま路上を飛び、全身をアスファルトにしたたかに打ちつけ、ごろごろと転がった。

深夜の物音に近所の住民がぞろぞろと出て来る。路上に横たわる彼を見て、「頭を打っているから動かすな！」など、気遣う声が飛んでいる。その声が聞こえるということは、幸運なことに意識はあったのだろう。

「大丈夫か？」との問いかけに、なんとか頷くことができた。誰かがヘルメットを脱がせてくれる。路上に横になったまま救急車を待つ間、彼は自分を跳ねた車への怒りが沸き上がってきた。どこを見て運転しているのだ！　ライトも点けているし、パッシングまでして直進するのを知らせたのに、と。

首に異常は無かったようなので、ぶつかった車や運転手を確かめようとゆっくりと顔を上げた。路上から見上げる姿勢になり、近くの歩道橋が目に入った。

歩道橋にも鈴なりになった顔が並んでいた。何も言わず、さまざまな顔がじっと彼を見下ろしている。中にはニヤニヤと笑みを浮かべている者もいる。深夜の住宅街で、こんなに野次馬が集まるのかと彼は思った。

次の瞬間、彼の胸の内の熱い怒りは氷の塊のような冷たい恐怖に変わった。

歩道橋に並ぶ老若男女の顔、顔、顔。

まともな顔は、ひとつとして無かった。

（ああ、みんな、ここで死んだ人たちだ。俺を待っているんだ……）

彼はそう直感した。

彼を跳ねた運転手は警察の事情聴取でおかしなことを主張したという。バイクがまったく見えなかったと。運転手の必死の弁明ではあるが、警察に通用するはずもない。

前方不注意、過失致傷ということになるだろうが、彼は運転手の証言は嘘ではないと思っている。

それ以来、彼は二度とあの交差点は走らなくなった。

投稿者　ＳＩＮ（男性）

地蔵の涙

私が通っていた小学校は山形県U市にあり、温泉が湧く近くだった。

そのせいか道路はいつも地中から噴出した湯で濡れている。しかし、一箇所だけ不思議と濡れていないところがあった。

それは、交通安全のために祀られた地蔵の置かれた辺り。

その一メートル四方だけが、いつも乾いており、灰色のアスファルトの路面だった。

なぜ濡れていないのか疑問に思いながらも、当たり前のこととして六年間小学校に通い続けた。


卒業も近くなったある夏の日のこと。

昼を過ぎて午後の授業が始まっていた頃、宿題のノートを忘れてきたことに気がついた。

発表に必要なものだったので先生に断わり、家に取りに帰ることとした。

学校から家までは、走ると五分ぐらいの近さ。駆け足で家に戻り、忘れたノートを持ってまた学校へ向かう。ノートを手にした安心感から駆け足を止め、いつものようにゆっくり歩いた。

午後二時過ぎの陽射しは強く、額には汗が吹き出してくる。やがて、いつも通学のときに脇を通る地蔵の前に来た。

いつもなら見向きもせず素通りするのだが、妙に地蔵が気にかかった。地蔵の真横を通り過ぎようとしたとき。地蔵の前に誰が供えたのか賽銭が置かれているのが目に入った。花や水が供えてあることはあるが、賽銭が供えてあることなどこれまで無かった。それも当時流通していた百円札である。子供心にも悪いこととは思ったが、出来心でその賽銭を盗んでしまった。

どうして盗んでしまったのか、そのときの心情はわからないが、全力疾走で地蔵から逃げるように学校へ向かった。

学校では先生が、最後になった私の発表を待っていた。

夢中でノートに書いたことを読み上げ、お金を盗ったことなどは忘れていた。

その日から一週間、ズボンのポケットの中にある盗んだ百円札のことは頭になかった。悪いことをしたという罪悪感から、記憶に留めなかったのかも知れない。母が洗濯物を干すとき、ポケットの中でクシャクシャになった百円札を見つけた。

当時は、百円といえば子供にとっては大金である。どうして百円札が入っているのか、誰に貰ったのか、母は強く私に詰め寄った。

しかし、怒られるのが怖かった。道で拾ったのだ嘘をついてその場を逃れた。

その日の深夜だった。

物凄く寝苦しく、体全体がズンと重い気がして目が覚めた。いきなり目にしたものを見て一気に恐怖に陥った。


濡れた百円札を持った地蔵が、体の上に座っていたのだ。


怖さと罪悪感で、地蔵を正視することができない。

罰が当たる、罰が当たる……頭の中はその仕打ちのことしか浮かばなかった。

地蔵からじっと目を背けたまま、三十分ほど経っただろうか。ふいに地蔵は消え去った。

体にかかっていた重さもなくなっていた。

私は怖くてお婆さんの部屋に逃げ込み、たった今起きたこと、賽銭を盗んだことを正直に話した。

黙って聞いていたお婆さんは、私を父母が寝ている部屋に連れていった。もう一度両親に本当のことを話して謝った。

当然だが、父は物凄く怒った。母はどうしてそんな馬鹿なことをしたのかと泣き伏す。小遣いもやっているのに、事もあろうになぜ地蔵から盗ったのかを問い詰められた。しかし、私には答えることができなかった。

出来心、魔が差した……何を言っても怒られるに決まっていた。

百円札は廊下の物干し竿にぶら下げられていた。不思議なことに、いつまで経っても百円札は濡れたままだった。もう三日も過ぎたというのに濡れている。

お婆さんは、地蔵が泣いた涙が染みているからだと言う。それは納得のいく答えだった。

私はずっと罪悪感が抜けず、あの夜、地蔵が現れたことで申し訳なさに苛まれていた。

勉強も身に入らず、友達と遊んでいても面白くなかった。

ようよう私は決心し、お婆さんと一緒に地蔵のところに行くことにした。

地蔵の置かれた一角はそばの路面と同じように濡れていた。いつもそこだけは乾いていたのに。それは、まるで地蔵が泣いた涙の染みのようだった。

濡れたままの百円札と花や団子、饅頭を供え、二人で長い間手を合わせ心から謝った。

それからは毎日、地蔵の前を通るたびに手を合わせて学校に向かった。

濡れた百円札はいつの間にか乾いていた。

それも何日かすると、地蔵の手から無くなっていた。不思議なことに、さらに何日か経つと、地蔵の周りが元通りの乾いた状態に戻っていた。

投稿者　MASA（男性・タイ）

何も無い部屋

住んでいるマンションは福井県福井市にある。

どこにでもあるごく普通のマンションだ。私の部屋の真下は一階になるが、ある年、そこに新たな住人が引っ越してきた。

入居してきた直後、こともあろうに深夜0時頃に、電動工具を使ってカーテンレールを取り付けはじめたのだ。カーテンを付けたいのはわかるが、時間が時間である。階下の電動工具の音があまりにもうるさかったので、注意をしに行った。

「す、す、すみません……」

半泣きみたいな表情で、二人の若い男女が何度も頭を下げて謝る。

その日を限りに騒音を立てることもなく静かにしているので、大人しく暮らしているのだろうと思っていた。

一ヶ月近く経った頃、面倒くさいダイレクトメールが嫌で、私は久しぶりに一階の郵便受けの中身を取り除こうとしていた。

そこから少し視線を変えると、例のいつか注意をしたカップルの部屋が見える。

何気なく目をやると、確かに薄いベールのようなカーテンがかかっているが、部屋の中が丸見えになっている。

なぜ、こんな透け透けのカーテンにしたのだろうと疑問に思った。

勝手に他人の部屋の中を覗くのはマナー違反だが、見ないでおこうとしても、歩く導線上見えてしまう。

二人とも出かけているのか、部屋の中に人影はなかった。少しほっとして、見るともなく部屋を観察した。様子がわかってくるにつれ、かなり驚いた。普通の家庭にあるような生活臭がまったく感じられないのだ。

まず、家具類が何ひとつとして置いてない。

タンスもソファーもテーブルも無い。さらにテレビなどの電化製品も無く、照明器具すら付いていないように見えた。

何も無いガランとした無人の部屋。薄いカーテンだけが下がっていて、外から射す太陽の明かりに無防備に部屋の中が晒されている。

いや、何も無い……というのは間違いだ。部屋の真ん中に、何かぽつんと置いてある。

西洋風のサイドが角ばった、白い棺桶が、ひとつだけ。

想像外の光景だった。常識では絶対に考えられない、いや有り得ない光景。

そんな目を疑うような部屋の光景が、薄いカーテンを通して見えている。意味がわからなかった。棺桶を置くために部屋を借りたというのか。何が目的で、何のために？　もっと気になる疑問も湧いた。

果たして、その棺桶には何が入っているのか……。

その部屋は、なんと二年間もそんな状態のままだった。

通常であれば、家賃を払わなければ不動産屋は次の手に出る。強制退去され、荷物類はすぐに撤去され清掃やリフォームが入るはずだ。

しかし、そのままの状態で二年間も続いたということは、例の謎のカップルか、もしくは誰かが毎月の家賃をきちんと滞納せずに払っていたことになる。

ただ、二年を過ぎた頃、いつの間にか棺桶もカーテンも消えていた。

投稿者　七音（男性・福井県）

深夜サイクリング

深夜におよぶサイクリングで、考えられないほどの不思議が立て続けに起きた。


あれは高校三年の夏のこと。

盛夏の七月二十九日、炎天下の午後、私は友人とサイクリングに出かけた。

この暑さである。初めは遠出する気などなかったが、走っていると風を切る勢いに熱気もそがれていく。友人も気分よかったのだろう、大阪の淀川の堤まで走ってきたとき、友人は挑むような顔つきで尋ねてきた。

「なぁ、このまま真っ直ぐ川沿いに行ったら、どこに行くんやろ?」

「京都から琵琶湖の方に行くで」

私は頭の中に地図を思い浮かべながら答えた。

「ほな、行こか!」

友人はニヤニヤ笑いながら、無茶なことを提案する。

私は冗談だと思った。こんな時間から琵琶湖まで走れるわけがなかった。行ったとしても、戻って来るのは真夜中になるだろう。

しかし、友人はどうやら本気のようだった。

だが、今は夏休みの真っ只中、暇を持て余している毎日だった。別に早く家に帰る必要もない。そこで、無謀にも行ってみようかということになった。

二人揃って堤防の上の道を川沿いに走り出す。枚方辺りまで来た時は、まだ夕方にもなっていなかった。

ここでちょっとした事件が起きた。私の自転車にはスピードメーターが付いている。その機械からビシビシビシッ！　と異音がして、ワイヤーが切れて壊れてしまったのだ。新しく取り付けたばかりで不可解だったが、機械のことだから壊れることもあるだろうと気を取り直した。

思えば、これが琵琶湖行きの最初に起きた異変かも知れない。

二人は再び自転車で走り出した。

途中から淀川の堤防沿いには走れなくなり、国道一号線を走ることになった。車の多い国道を慎重に走って京都に入る。

京都の東山を横断する辺りだろうか、前方が緩く上り坂になっているところに来た。

（ああ、上り坂か……頑張らなあかんなぁ）

私はペダルをこぐ脚に力を入れた。しかし、自転車はどんどんスピードが上がり、ブレーキをかけなければ危ないほどの速さになった。

（ひょっとして、ここは『幽霊坂』というやつか）と思った。

上りと見えて、じつは下っているという坂のことだ。しかし、京都でそんな坂があるとは聞いたことがなかった。


さらに走ること数時間。意地になって琵琶湖を目指す二人はやっと大津市に辿り着いた。その頃にはすっかり陽は落ち、辺りは真っ暗になっていた。

走っていく道路の真ん前には、高校生でも知っている有名な温泉ホテルが建っていた。いよいよ琵琶湖を巡る道路を走っているという実感が湧く。そのホテルの前を通り過ぎたとき、道路脇に花束が供えられているのが見えた。交差点のすぐ近くだったので、交通事故で亡くなったのだろう。

縁起でもないモノを見てしまったと思った瞬間。

友人の自転車の後輪辺りから、ガラガラッ……ガラガラガラッ！　と激しい音がする。なんだと思って振り返ると、外れるはずがない泥除けと荷台が後ろへ五メートル以上もふっ飛んでいた。

えっ！　と思ったが、なんと友人はそれを回収しようともせず、半狂乱になったように物凄いスピードで前方へ走っていったのだ。

すかさず私は追いかけた。全力疾走する自転車になかなか追いつけなかったが、止まるように大声を出しながら私も必死でペダルを踏んだ。

かなり走ったところでやっと追い付き、自転車を止めさせる。友人は何かに怯えているようで、目を血走らせ、ハァハァと肩で息をしていた。

何とか宥めて気分を落ち着かせ、なぜ突然走り出したのかを問い質した。すると、怖かったという。

無理もない。供花の真横で大きな音を立てて、泥除けと荷台が外れたのだ。それも物凄い力で、強引に引き剥がされたような感じだったという。訳のわからない恐怖に襲われ、後ろも見ずに全力で逃げたというのだ。

気を取り直し、二人は再び真っ暗な夜道を走り出した。

野洲辺りでパトカーに呼び止められ「ライトを点けないと危ないよ」と注意されたが、なぜか妙にほっとしたことを覚えている。夜も更け、ちょっと余裕が無くなっていた私たちを気にかけてくれる人がいるのだと思ったからだろう。

ライトを点灯して、さらに遠くへと走り出したが、途中、建設中の建物があったので物陰に隠れて用を足すことにした。

そこは建設中の高い建物が黒々と聳えているだけで、街灯の光も届かない真っ暗闇の空間だった。虫の音も、車の走行音も聞こえてこない。キーンというような静寂に包まれていた。と、そのとき。


「うぎゃぁぁぁぁぁぁ〜〜っ！」建物の屋上辺りから男の絶叫が降ってきた。


それは飛び降り自殺する者の断末魔の悲鳴に違いなかった。

今にも誰かが落ちてくる……。私たちはその場に凍りつき、次の音を待った。

数秒後に近くでドォ〜〜ン！という音が轟くはずだった。覚悟を決め、二人は身構えた。しかし、いつまで経っても音がしない。辺りは元の静けさに戻っていた。今のはいったい何だったのか……。結論など出るはずもなかった。

その場をいち早く去り、また夜道を走り出す。

どんどん田舎の方に向かっているのか、道路の脇には寂れたような民家が建っているだけで、ネオンを輝かせる店などは皆無だった。

すると今度は、何とも言えない不穏な感覚が襲ってくる。濃密な闇が侵入を拒むような見えない壁がそこにあった。友人もそれに気づいたのか、二人は無意識にブレーキをかけて急停止した。

自転車を暗闇に止めたまま、顔を見合わせる。

何かはわからない。わからないが、このまま進んではいけないという直感が働いた。道の先の暗闇を見詰めていると、見えた。

田んぼの脇に立つ一本の電柱。その陰から四、五歳ぐらいの男の子が現れた。

黄色い雨合羽を着ている。


その子は、スゥ〜ッと我々の目の前を横切り、道の真ん中でスッと……消えた。


言葉がなかった。

しばらくその場に固まっていたが、背筋がゾクゾクするので黙って走り出した。

本当は『わーーっ！』と大声を上げて走り去りたかったが、それは逆に危険だという警鐘が頭の中で鳴り響いていた。

男の子を見てしまったことは話題にしなかった。何事もなかったかのような振りをして、一目散に走った。

私は何とか気分を変えなければと思った。

「おい、せっかくやから琵琶湖大橋を渡って帰ろか？」

友人に問い掛けると、友人は何も言わずこくんと首を縦に振った。

自転車十円と書かれた小箱に、二人分の二十円を投入して橋を渡る。時間はちょうど夜が明け始める頃になっていた。湖面を染めていく黎明に感謝した。次から次へと起こった異変に遭遇した長い夜が終わる。それが嬉しかった。

奇妙なことが立て続けに起こったのは事実だ。しかし、二人は何とか無事に帰ることができた。

十八歳、盛夏。琵琶湖行き深夜サイクリング。二十八時間三十分の間の出来事だった。

投稿者　シュガーアメジスト（男性）

M林道への報復

山梨県のM林道に、夜叉神トンネルというのがある。

道路のトンネルとしては距離が長く、今ではかなり古いものになった。

このM林道の工事中、奇妙なことが幾つか起こっている。

ダンプカーのギアが勝手に入り、資材置き場に激突したりした。工事の飯場では、すぐ隣の事務所に大勢人がいたにも関わらず、無残に荒らされていたことも。動物に冷蔵庫の扉は開けられないはずなのに、中の食糧はぐしゃぐしゃになっていたとか。

しかも、泥だらけの足跡で踏み荒らされた書類が散乱しており、みんな息を呑んだらしい。

そもそも、M林道は完成してからは頻繁に交通事故が起こり、排ガスで樹木が枯れ、野生動物が轢かれたりして評判が悪かった。

昔からの集落では山をいじる事は良くないと信じられており、災いを心配していた。

山の神の怒りなのか、野生動物たちの恨みなのか、こんなことが起きた。

このトンネル工事の際にも、奇妙な出来事があった。

年配の斎藤（仮名）さんは、かつて重機を操ってさまざまな道路工事を行ってきた。現在は地元の建設会社で現場監督のような職についていた。このM林道工事を会社が請け負い、道路やトンネルを作ることになった。

現場作業員のための飯場や工事事務所が、山の斜面を崩して建てられていく。

多くの工事関係者が山に入り、連日連夜にわたる大工事が始まろうとしていた。地元の神官による地鎮祭も行われた。麓からはダンプカーやクレーン車、ブルドーザーなどが総動員され、無残なまでに山が切り拓かれていった。

難関のトンネル掘削は長期にわたった。山を削り、盛り土をした新しい林道が徐々に形になっていった。


工事中であっても、地元民はこの辺りの山林の仕事があるので、山を上って工事現場に入って来る。その中に、場違いにスーツ姿のセールスマンらしき男と軽装の女がいた。

作業中の看板をちらっと見て、出来上がったばかりの未舗装の林道を上がっていく。一般人は立ち入り禁止が原則になっているので、斎藤さんは注意しようと思った。

女はナップザックひとつを背負った単独行のハイカー。セールスマンは明らかに山に登る姿でなかった。

「工事中ですが、どこへ行かれますか？」

彼は念のために、特にスーツ姿の男に尋ねた。

工事現場から十分くらい登ったところに、お客さんが住んでいると答える。こんな山の中の林道が延びる先に人家なんてあったかなと思った。怪訝に思っているうちに、セールスマンは足が早く、あっという間に去っていった。

山の一日は早く暮れる。

陽が西に傾くと、麓に降りる人ばかりが工事現場を通過するようになる。

しかし、あの不可解なセールスマンとハイカーらしき女は登っていったきりで、下りてくる気配はなかった。斎藤さんをはじめ、事情を知っている作業員は心配になってきた。現場から麓のM市までは、車でも急坂とカーブの連続で一時間はかかる。ましてや徒歩では熊も出るし、気温も下がるので夜間は危険だった。

工事現場では必ず二人が宿直するようになっている。

飯場といっても、大昔のように汚く暗い奴隷の住み処のような劣悪なものではない。ゼネコンが県から受けた仕事なので、事務所にはパソコンやコピー機なども備わっていた。

作業員の休憩や娯楽のための建物も二棟ある。宿直の部屋からは、モニターカメラで現場の状況や資材の監視などもチェックできるようになっている。

いよいよ暗くなり、通行する人や車もいなくなった頃、やっと昼間の男女が別々に下りてきた。斎藤さんは照明に照らされた現場を歩く二人を認め、宿舎を飛び出していった。

二人は遅くなった理由を明らかにしないまま、宿舎に連れられてきた。宿直任務があるので車で麓まで送っていくことはできない。もちろん、二人を歩いて下山させる訳にもいかなかった。仕方なく、二人をこのまま泊まらせることにした。

県の役人や関係者などのための宿泊部屋が幾つかある。セールスマンとハイカーの女に、特別に使わせることにした。二人は互いに面識はないようだった。斎藤さんに何度も頭を下げて、言葉少なにそれぞれの部屋に入っていった。

ただ、何も食べていないようだったので、後で斎藤さんは親切に即席カップ麺を持っていってやった。部屋の外に取りに出てきた二人は恐縮していたが、カップ麺を差し出した斎藤さんの目の前で、二人はバリバリとこじ開けようとしたのだ。

しかも、手ではなく、いきなり歯で齧りついて……！

異様な行為だったが、よほど腹が空いていたのか、とその時は思うようにした。

人前で、礼儀の無い人たちだなと少々飽きれたが、気を取り直し、火気や布団についての注意を説明する。鍵を渡し、何かあれば別棟に同僚と一緒に待機しているからと伝え、宿舎に戻ることにした。

しかし途中、ある異常さに気づいた。

臭うのである。この宿舎の下駄箱から廊下、二人を案内した部屋に続くまでが獣臭い。

まぁ、道に迷って山の中を徘徊していたのだとすれば、獣道にでも入り込み、こんな臭いが付いたのだろうと解釈した。


朝早くには麓から工事車両が上がってくる。

その後で、二人を車で麓まで送っていくつもりでいた。斎藤さんも仮眠をとり、段取りを済ませて朝を待った。

夜が明ける頃、誰かの叫び声で目が覚めた。朝いちで上がってきた作業員たちが、現場で怒号や驚きの声を上げている。

只事ではない雰囲気だった。状況がわからず、何事かと現場に走った。

事件はほど近いトンネルの掘削現場で起きているようだった。見ると、昨日コンクリートを打ったばかりの路面が、動物の足跡に踏み荒らされグシャグシャになっている。しかも、不思議なことにその足跡は、昨夜セールスマンと女が泊まった宿舎の建物の前まで続いていたのだ。

もしかして二人は熊にでも襲われたのかと、斎藤さんたちは宿舎に取って返した。すると、どこにも二人の姿はなく、貸し出した布団は乱雑に引き裂かれ、中の綿が部屋一面に散乱していた。部屋の畳の上は獣の足跡と糞だらけというありさまだった。また、下駄箱には二人が履いていた靴があったが、中は泥だらけだった。

一応、警察に通報し、二人の行方を調べたのだが、結局二人は発見されなかった。セールスマンが工事現場の先にお客さんがいると言っていたので、その辺りも調べたが、人家はおろか人が住めるような場所もない。

結局、事の真相は何だったのか、一切わからないままだった。

投稿者　うなぎ犬（男性・山梨県）

脱皮

あれはまだ中学一年生だった頃。

ある日、仲のいい友達の明美（仮名）の家に泊めてもらうことになった。

明美の家の建て方はちょっと変わっていた。

玄関の前に三段ほどの石段があり、その脇には井戸があった。玄関を開けると、廊下の先に勝手口が見え、そこが裏口になっている。

その裏口は大変危険だった。地形のせいだと思うが、狭いドアを開けるとすぐ足元が高い塀の上という位置になる。何も知らずに飛び出たら、落ちて大怪我をしてしまうだろう。

明美の部屋は二階にある。

奥行きの狭い、急な細い階段を上がると一つだけ部屋があり、壁には備え付けの二段ベッドが置いてある。右側にもう一つ部屋があって、その部屋には腰の高さから上段だけの押入れとベッド、それに古い三面鏡があった。

斜面で変形した土地に建つ家だからか、廊下や部屋の配置などが歪だったので、私は家に入ったときから妙に落ち着かなかった。

もちろんそんなことは顔にも出さず、私はベッドに腰をかけ、明美は私の前に体育座りをする形で話し込んでいた。

私の後ろには押入れ、友達の斜め後ろには三面鏡がある位置だった。

後ろの押入は十センチぐらい開いていて、それが閉め忘れた三面鏡に映り込んでいる。

押入れの隙間に何かが映っていたという訳でもないのだが、私にはその映り込みが妙に気になってしまった。漠然とそれを見ながら、話し込んでいた。

すると突然、明美が急変した。

いきなり私の膝に手をかけ、「＊＊じゃない！　＊＊じゃない！」と、何度も訳のわからないことを口にするのだ。

「はぁ、あんた何言ってるの？」

初めは私もふざけているのだと思って笑いながら相手をしていた。

だが、いつまで経ってもやめない。

「もう、いい加減にしてよ！」

少しきつめに返すと、明美はいきなり座ったまま後ずさりをした。

「ウフフ……」

私の目を見詰めながら、今度は不気味に笑う。

これは普通じゃないと、怖くなって私が立ち上がると、まるで猫のようにそのままの態勢で後ずさりをする。そして四つん這いの姿勢になり、ジャンプするように私の足を両手でガバッ！　と掴んできたのだ。

これが限度だった。

私はその部屋を逃げ出し、急いで狭い階段を駆け下りた。一階にいた明美のお父さんの部屋に駆け込み、「明美がおかしい！」と叫んだ。

部屋にはお父さんとお兄さん、お母さんも一緒にテレビを見ていた。

お兄さんが、血相を変えて飛び込んできた私を見てすぐに立ち上がる。

「また明美のやつ、悪ふざけして！」

そうボヤくように言いながら、二階に向かおうとした。

私はお兄さんの後ろに隠れるようにしてついていった。階段を上がり、お兄さんは部屋に入ったが、私は階段の途中から様子を見ていた。

部屋の電気は消えていて、明美は何事もなかったかのように、ベッドの前でうつ伏せになって寝ているようだった。

お兄さんはそのまま奥の部屋に行き、面倒臭そうに電気を点けながら言った。

「おい！　明美、いい加減にしろ！」

そう叱ると、う〜んと唸りながら、明美は体を少しずつ起こす。

私はまだ階段に隠れて覗き込んでいたのだが、信じられないものを見てしまった。暗い部屋で、明美の背中あたりが青白く発光していたのだ。


その背中からセミが脱皮するように、体がもうひとつ起き上がった……。


おかっぱ頭の女の子だった。

私の視線に気づいたのか、こちらを振り返る。それに呼応するかのように、一瞬、明美が薄笑いを浮かべたのも見てしまった。

青白い光は闇に溶け込むような淡い光だった。まるで幻想的な映画を見ているような印象だった。

「もう、いい加減にしろよ！」

電気を点けたお兄さんが、明美の頭を軽く叩きながら一階に降りていった。

「ごめ～ん」

何事もなかったかのように、明美が起き上がる。

いつも通りの明美がそこにいたので、私はさっき見たものは錯覚だと思うようにした。

私は明美の豹変ぶりを責め立てた。初めは殊勝に反省した素振りを見せていた明美だったが、突然泣き出して、じつは自分も何だか無性に怖かったと言う。

不思議なことに、明美が起こした奇妙な行動のことは一切覚えておらず、ただ怖かっただけだと泣きじゃくるのだ。

この不可解な出来事は、これ一回で終わったと思っていた。

精神の不調とか、何かの勘違いがそうさせたのだと。

しかし、そんな都合の良い解釈など、消し飛んでしまうようなことが起こる。

それは、あの出来事から数年後。

二人とも社会に出て、大人になっていた。

私は水商売に入り、明美は彼との間に長男を授かっていた。順番が逆にはなったが、結婚に向けて充実した日々を過ごしていた。

明美の出産祝いを兼ね、久しぶりに彼女の実家に行った。昔のことなど忘れて、楽しい時間を過ごした。お母さんの料理を食べ、話も盛り上がって写真も撮り、その日は穏やかに暮れていった。もう大丈夫だろうと私は安心した。

後日、明美から写真ができたとの電話があり、明美の新居を訪れた。楽しそうに写っている写真を見ていたのだが、その中の一枚に有り得ないものが映り込んでいた。

明美の実家の階段下で、私が子供を抱いて明美と肩を寄せ合って撮った写真。姉妹のように仲の良かった私たちは、学生当時さながらにぴったりとくっついて写真に写っていたのだが、一枚だけ震撼するような写真があった。

その写真だけ、二人の間の距離が微妙に離れている。ただ、写真は全部、二人がくっついて撮っていた記憶がある。問題は背景だった。二人の後ろに写っている階段の壁に、小さな顔が映り込んでいるのだ。もちろん、明美の子供ではない。よく見て、ゾッとした。

それはあの夜、明美の背中から出てきた、おかっぱ頭の女の子だった。

怖くなった私たちは、明美が探してきた霊媒師に電話をし、相談しようということになった。

電話を聞いていた霊媒師は、遠隔で見るから、その時撮った何枚もの写真の中に問題の写真を混ぜ、手に持って無言で一枚ずつめくるように指示した。私たちは言われたとおりにした。

すると。その問題の写真が出てきた瞬間、いきなり電話を切られてしまった。

「えっ？　なんで電話切っちゃうのよ、失礼な！」

頭にきた私たちは、すぐ折り返してその霊媒師に電話をかけた。

長い呼び出し音の後、やっと出てきた霊媒師は堅い口調で言った。

「これは、私の手には負えないので」

そう言うなり、また電話を切られてしまう。

霊媒師に見放されたような結末になり、これからどうしたらいいのか、物凄く怖く不安でもあった。とりあえずその日は明美が写真を持ち帰り、改めてお寺に持って行って供養してもらうということにした。今思えば、すぐにでもお寺に持って行けば良かったのかも知れない。

その日、明美は事の一部始終をご主人に話した。

「そんなバカなことがある訳ない！　考えすぎだ！」

霊的なことを完全否定するご主人はその場で写真を破き、燃やしてしまった。

次の日、事故は起こった。

ご主人は職場で作業をはじめようと、電源コンセントを入れた。

その瞬間、コンセントから激しく火花が出て、そばにあった可燃物の入った缶に燃え移り、一瞬で炎に囲まれてしまったのだ。幸い逃げるのが早かったので、なんとか火傷も怪我もなかったらしいが……。

それから一週間ほど経った頃、今度は明美に惨事が降りかかる。

明美が棒付き飴玉から棒を切り取ろうと、飴を手に持ち、口に棒をくわえて一本刃のカミソリで断とうとした。

そのとき、グサッ！

親指をあわや切断かという大怪我をしてしまった。骨があったからなんとか止まったのだが、そんな大怪我をするなんて考えられなかった。

その後、明美のお兄さんは精神を病んでしまう。つまり、このことに関わった者は全員、何らかの障りに遭ったことになる。思えば、淡い光の中、明美の背中から脱皮するように異形が現れてからだった。

さて、当の私だが、身の回りには大きな異変は何も起きなかった。

この当時、住んでいた自分の部屋で写真を撮ると、ときどき私のそばにリカちゃんサイズの着物を着た、おかっぱ頭の女の子が映り込んだりする以外は……。

投稿者　Ｃｈｉｚｕｍａｍａ（女性・神奈川県）

伐採地の夜

大学生になって初めての夏休み。

アルバイトをしながら旅をしようと思いついた。生まれ育った山形まで行く旅である。

いちばん初めに山林伐採のアルバイトをした。

伸び過ぎた木の枝を払う仕事だった。夕方まで働いて四千五百円なら悪くはない。そう思うと身が入り、仕事も面白く夢中で枝を刈った。

夕方、日当が支払われた。金をもらい、明日も使ってほしいと親方に訊くと、ふたつ返事でいいよと言ってくれた。

よしよしと思い下山しようとしたが、枝払いをする場所の近くに小屋があることを思い出した。

(そうだ、あの小屋で寝れば宿代が浮く。明日また山に登る手間も省けるじゃないか)

一石二鳥のアイデアに満足して、親方や人足が下山するのを見送った。一緒に下りようと声をかけられたが、適当な理由をでっち上げて居残る。

もちろん親方や伐採を請け負った会社の職員は、私が小屋に泊まるつもりだということは知らない。みんなが下山した後、私はリュックから昼の残りの弁当を取り出し、夕食代わりに食いはじめた。

山が暗くなるのは早い。陽が沈むとあっという間に辺りは暗闇に包まれていく。飯を食ってから小屋に向かった。小屋といっても伐採の道具や山仕事の荷物などが詰め込まれ、人ひとりがやっと横になれるスペースがあるだけだった。

電球もない真っ暗な小屋の隙間から、時折り月明かりに浮かび上がる山の起伏と木の影が見える。

何もすることがないので、寝るしかなかった。小屋の粗末な戸を閉めて、着の身着のままでゴロリと寝たのはまだ八時頃だっただろうか。しばらくすると、仕事の疲れもあっていつの間にか眠っていた。

どのぐらい眠ったのかは覚えていない。

ふと目が覚めた。耳が痛くなるほどシーンとしている。なんとなく周りを確かめ、また目を閉じた。だが、静か過ぎて逆に眠れない。うつらうつらしては起きるを五分間隔ぐらいで続けていた。

さっきまで物音ひとつしなかったが、風が出てきたようだった。小屋の周りの樹木がざわめいている。

バタ〜ン！

突然、物凄い音を響かせて、ドアが突風で開いた。

驚いて、寝ぼけ眼で開いたドアから外を見た。夢を見ているのだと思った。そこには見たこともない光景が広がっていたのだ。


墓、墓、墓、墓、墓……。

月明かりに照らされているのは、無数の墓だった。


自分の目を疑った。信じられない光景に何度も何度も目をこすった。

しかし、夢でも錯覚でもなく、目の前に朽ちたような墓が広がっている。

(これは寝惚けているのではない。現実なんだ……)

そこに思いが至った瞬間、途方もない恐怖が襲ってきた。

墓のほとんどは土に半部埋もれているもの、砕けているもの、横倒しになっているものだった。昼間働いていた伐採地の風景はどこにもない。何か異次元に迷い込んだとしか思えなかった。

（ここは伐採地だ。昼間は伐採場で働いていた。墓などどこにも無かった！）

強く自分に言い聞かせ、なるべくおぞましい光景を見ないようにして、今すぐ下山しようと思った。震える手でリュックを背負い、この場所から一刻も早く逃げ出すことだけを考えた。

周りは墓だらけだが、それとは違うものを目にするのが怖かった。

小屋を後にして斜面を下る。朽ちた墓の間を擦り抜けるように歩いた。下山道を早く見つけなければならなかった。

しかし、道は見つからない。杣道（そまみち）といって、山仕事の者だけが歩く道である。細い獣道のようなものだから、真っ暗な山中では見当もつかない。右へ左へととめどなく歩いても、足元には墓石が埋まっている。もう何キロも彷徨っている気がした。とにかく少しでも下ろうと、崖に注意しながら歩いた。

不思議なことに、どこまで行っても墓が埋もれている。まるで墓がついてくるような感じさえした。広い場所に出て、ふと足元の墓石の戒名が目に入った。月明かりに青白く照らされて、読めないような漢字が羅列されている。絶望感が襲ってきた。

（もしかすると、ここは地獄か？　俺は死んでいるのか？）

体力も気力も限界だった。追い詰められ、とうとう墓石の前で屈み込んでしまった。疲れと恐怖で、もう一歩も歩けなかった。屈み込んだまま、両手で頭を抱えて目を瞑った。


と、その時。

眩しい灯りが私を包んだ。ややあって男の声が聞こえた。

「あなた、何やってるんですか？」

ゆっくり頭を上げると、警察官だった。

「あ、あの、周りに墓が……」

そう言いかけたが口をつぐむしかなかった。

周りに墓などは無いどころか、私は国道でしゃがみ込んでいたのだ。

投稿者　ＭＡＳＡ（男性・タイ）

彼岸の山

日本百名山踏破とか山ガールの台頭とか、昨今は何度目かの山ブームである。

身近に山を始める人がいたり、意外な人がかつて山をやっていたことがわかったりで驚くことも多々ある。これはそんな青山（仮名）さんが昔に体験した、なんとも奇怪な出来事。まるで、時空の歪みにでも落ちたような記憶である。


青山さんが山にのめり込んでいたのは学生の頃。山岳部に所属していた。

社会人になってからは忙しくなり、山からは遠ざかっていたが、ずいぶん昔のある年の夏、久しぶりに山に登ることになった。

メンバーは彼を含めて四人。山岳部の後輩であるミドリ（仮名）と、小学校の時からの友だちの黒田（仮名）。そして、青山さんの祖父というささか変わった顔ぶれだった。

なぜ、そんな顔ぶれになったのかは定かではない。

「カメラは俺が持っていくからな。じつは新しい一眼レフを買ったんだ」

祖父が嬉しそうに笑っていたことだけは、今でもはっきり憶えている。

今みたいに、どこの家でも使わなくなったデジカメが眠っていて、スマホのカメラで事足りるような時代ではなかった。まだ、カメラが貴重だった頃。テントや炊事用器具と同じく、カメラも共同装備として扱われることが普通だった。


夏の終わりのある週末。

彼らは新宿から夜行列車に乗り込んだ。まだ、濃いグリーンにオレンジのラインが入った急行『アルプス号』が現役で走っていた、そんな頃だった。

彼が現役で山に明け暮れていた頃は、列車が発車する何時間も前から並ばないと乗れなかった。しかし、その日の急行列車は、拍子抜けするくらいガラガラだった。

それは夏の終わりという、夏山シーズンも過ぎた時期のせいだったのかも知れない。それとも、汗だくになって山に登るなど、流行らなくなった世相のせいだったのかは、今となってはわからない。しかも、青山さんに言わせると、その山行の記憶自体がすべて妙に曖昧なのだという。

ところが、祖父が「カメラは俺が持っていくからな」と嬉しそうに宣言したときの笑顔をはじめ、ところどころ鮮明な記憶もある。だが、不思議なことにその山行全体の記憶となると、古いフィルムの映像記録でも見ているような感じがするのだ。

さて、扇沢から柏原新道を登りはじめたときは、小雨模様でまだ薄暗かった。元山岳部だった青山さんとミドリはともかく、黒田と祖父は本格的な山は初めて。体力から考えても、祖父は二番目を歩くのがいいだろう。となると、先頭は青山さんが行くことに。

ミドリがラストにつけ、黒田は三番目を歩くことになった。

その並びで順調に登っていたが、それは森林限界まで来たという辺りだった。後方から「ちょっと止まって!」というミドリの声がした。慌てて振り返ると、登山道にへたり込んでいる黒田の姿がある。

初めての本格的な山。しかも、夜行で来ていきなりの登りだ。バテるのも無理はないと、一行は休みを取ることにした。

意外にも、体力をいちばん心配していた祖父はすこぶる元気だった。よって、黒田が体力を回復して再び歩き出すときは、黒田と祖父を入れ替えることにした。さらに祖父が三番目になったことで青山さんがラストに回り、ミドリが先頭を歩くことになった。

小雨は相変わらず降り続いていた。

ただ、周囲の見通しはきいていたので、そのうち天気は回復すると思われた。

（天気が回復しなきゃ、せっかく新しい一眼レフを買った祖父が可哀想だよ）

彼がそんな気遣いをしていると、黒田が小学生の頃、風邪をひいたり腹をこわしたりで、しょっちゅう学校を休んでいたことを思い出した。

懐かしい目で、前を歩く黒田に視線を向ける。しかし、今の後ろ姿に、あの頃のひょろひょろしたか細い少年の面影はない。がっちりとしたその背中を見ながら想像した。

（あいつ、よく学校を休んでたけど、野球は上手かったからなぁ。小学校を卒業して、もしかしたら野球部にでも入って頑張ったのかもな……）と。

黒田の後ろ姿を眺めて、しばし昔日の感慨にふけっていたが、今度は先頭を行くミドリの姿に目がいった。

ミドリの後ろ姿は、あれから十年以上も経っているというのに当時のまま。まるで、学生の頃の山行が、そのまま蘇ってきたような不思議な感覚だった。

やがて、種池山荘の屋根が見えてきた。

小雨は止まないので、ここの幕営地でテントを張ろうかとも思ったが、まだ昼前だし、バテていた黒田も、今ではすっかり元気になっている。結局、予定通りに冷池山荘まで行くことにした。

冷池山荘の幕営地は、学生の頃の合宿で訪れたことがある。懐かしさから、ミドリとあの頃の話に華が咲いた。


二日目。目が覚めるなりテントから顔を出して空模様を確かめた。

夜明け前だったが、すっかり晴れていた。西側には劔、立山の山々が赤味を帯びてそびえている。東側は見渡す限り雲海が広がり、その向こうに戸隠、飯綱の山々が累々と連なっていた。

「天気、どぉ……？」

テントから聞こえてきたミドリの声。

彼はそのことはハッキリ記憶にあるのだが、何と答えたのかは憶えていない。それと同時に、記憶はいきなり鹿島槍ヶ岳の山頂の場面に飛んでしまっている。

それは北アルプスの圧倒的な眺望だった。学生時代にさんざん山に行っていた彼ですら、それだけの眺望は数えるほど。そんな大パノラマに、年甲斐もなく祖父ははしゃぎながら走り回って写真を撮っていた。

しかし、祖父と対照的だったのは黒田だった。

ザックこそ降ろしたものの、茫然と立ち尽くすように山々を見回しているばかり。そんな二人を見ていた彼の耳に、ミドリの声が届いた。

「よかったね、晴れて。しかもこんなに……」

どこか懐かしむような、ホッとしたような声音だった。

絶景を後にした彼らは五竜岳に向かう。

鹿島槍ヶ岳から五竜岳へは、八峰キレットをはじめ数々の難所が続く。それなのに記憶が曖昧なのだ。慎重を期し、苦労して難所を歩いたはずだから、鮮明に憶えているはずだが、すっぽりと記憶が抜け落ちている。

残っているのは、五竜岳の山頂や稜線の雄大な景色。稜線が切れ落ちている危険な場所や五竜山荘の幕営地でテントを張ったことだけ。次の日、長い遠見尾根を延々と下って、下界に戻ったところで彼の山行きの記憶は途絶えている。


じつは、青山さんが愕然としたのは、山から帰ってきた次の日のこと。

会社で、同僚の女性に「みんなで食べて」と土産の菓子を渡したときだった。

「へえ～、山登り？　青山さんて山登りする人だったのね？　知らなかった」

驚いている同僚たちに、彼はちょっと照れてしまった。

「そうなんだ。学生の時は山岳部でさ。今回は何を思ったのか、その時の……（後輩や小学校の友人、あとウチのお爺さんも一緒に行こうってことになってさ)」

彼は途中までしか話せなかった。

その時の……という言葉が口から出かかった瞬間、愕然とした。

なぜかずっとモヤモヤとしていたことが、はっきりと思い出せたからだ。


彼女……ミドリは、すでに故人であることを思い出した。

そして、残りの二人、祖父そして黒田もとうに亡くなっている。


つまり、すでに亡くなっている人たちと山に行ったという記憶になる。

それは余りにも常識外で、有り得ない記憶。

そんな話を聞かせてくれた青山さんは、最後に締めくくった。

「あの時、オレがカメラを持って行ってたら、いったい何が写ってたんだろうね」

投稿者　Ｈｉ（男性・千葉県）

老僧の奇跡

私は外国駐在員をしており、度々日本とタイを往復している。帰国すると一週間ほど休暇が出る。だが、特に遠出することもなかったので、ほとんど家でのんびりするか、近くのパチンコ屋に出かけるぐらいだった。

三日目にもなるとパチンコにも飽きて、昼食をとりに町の食堂に出かけた。さて、食事を終えて帰ろうとすると町なかが騒がしい。なんだと思ってそちらに足を進めると、すぐ近くで盛大に煙が上がっている。火事だった。

大勢の野次馬が集まっていたので、私もその人ごみに混じって消火活動を見物することにした。

路上には大蛇のように何本ものホースがうねっており、道路は水浸しになっている。私は火事現場を見るのは初めてだったので少し興奮し、人ごみを掻き分けて消火の最前列まで進み出た。

現場は繁華街のど真ん中。小さな料理屋が燃えたようだった。すでに火は消し終わったのか、燃え残った柱や梁が汚らしい煙を吐き出しているだけだった。

(なんだ、もう終わりか……)

不謹慎な気持ちで見ていると、救急隊員たちが店の奥から担架に乗せた人を二人運び出してきた。顔まで布で覆われているところを見ると、犠牲者のようだった。

野次馬の中に、この店の近所の者らしい人がいた。

「かわいそうに、夫婦で焼け死んだか……?」

そう呟いて、担架に両手を合わせている。


担架で運び出される光景を見た瞬間だった。

私は異様な感覚にとらわれた。

一瞬だが、白い布の中の犠牲者は自分自身で、私が運ばれていくような奇妙な錯覚に包まれたのだ。異様な感覚は一分ぐらいだろうか。しかし、すぐに元の現実に戻り、私は火事場を後にして帰宅した。

その日の夕方からだった。左肩がずしっと重くなり、猛烈に痛みはじめた。熱い風呂に入り、痛みのある箇所を揉んだりしたが一向に治らない。

筋でも違えたかと覚悟したが、痛みは朝になると治まっていた。痛みは治まったが、まだ首の辺りの重みはそのままだった。

日にち薬で治るだろうと思っているうちに一週間が過ぎた。そして、私はまた仕事に戻るため、タイに向けて出発した。


タイの空港に着くと南国の暑さが襲ってくる。

そのときは翌日からの仕事のプレッシャーもあり、首の重みのことは忘れていた。ばたばたと十日が過ぎ、ようやく二日間の休みが取れた。

忙しさで無理をしたのか、首から肩にかけてまた傷みが走るようになっていた。何かがのしかかっているような重さも相変わらずだった。

休みの日、私は地元のワーカーに案内されてアユタヤというところに出かけた。金色に輝く荘厳なパゴダを眺め、遺跡巡りなどをした。

ある大きな寺に行くと、ワーカーは「この寺は病気を治してくれる寺です」と教えてくれた。どこか痛いところや病気の部位があれば、仏像の同じ部分をさすると、仏様が悪いものを吸い取ってくれるというのだ。私は痛かったところを思い出し、仏像の左肩と首をさすって祈った。

日本の神社や寺でもよく似たご利益を謳っているところは多い。もちろん信じていた訳でもないが、これも何かの縁だと思って作法通りに行った。

寺の広い境内にはお参りの人が多く、雑踏といってもいいくらいだった。私は気ままに歩いたのだが、とうとう案内のワーカーとはぐれてしまった。

相手を探しながら寺の奥の方まで行くと、寺の裏に出てしまったようで、僧侶たちが寝泊まりする高床式の住居の前に来ていた。境内へ戻ろうとすると、木陰で本を読んでいた年老いた僧侶に声をかけられる。

「そこの若い人、こちらに来て、少し私と話をしませんか？」

驚いたことに、老僧は流暢な日本語で話した。

タイに来て以来、現地人から、それも僧侶から日本語で話しかけられるは初めてだったので、物珍しさもあって近づいて行った。

老僧は皺だらけの顔で、私を下から見上げた。

「私と話をしませんか？」

もう一度確かめるように言うので、好奇心から私は頷いた。

「どうしてそんなに日本語が上手なのですか？　誰から習ったのですか？」

立て続けに質問する。

「昔、日本軍がタイにやって来た。その時、私はまだ普通の若者だった。通訳の仕事をするとお金がたくさん貰えるとわかり、私は日本兵から一生懸命習ったのだ」

老僧は遠い昔のことを訥々と話しはじめた。

「やがて日本兵が引き上げると、今度はイギリス軍がやって来た。彼らは英語を教えてくれた。しかし、日本は仏教国だがイギリスはキリスト教だ。どっちが良いかといえば、やはり同じ仏教国だろう。それで私ぐらいの歳の者の多くは日本語を話せるのだ。しかし、今は私が見て良い人だと思う人以外とは、めったに日本語でしゃべらない」

老僧は自分なりのルールを話した後、また経本に目を落とした。

「ありがとうございました、大変ためになりました」

丁寧に頭を下げ、私はその場から去ろうとした。

すると、老僧はもう一度引き留めてきた。

「あんたは良い人じゃ。ひとつあんたを助けてやろう。私と一緒に部屋まで来なさい」

曲がった腰をさすりながら老僧は立ち上がり、私の返事も待たず、高床式の階段を一段一段上りはじめた。

黙ってついていくと、薄暗い部屋の中に小さな仏壇がある。その観音開きに開いた中には金色に輝く小さな仏様が祀ってあった。私の何を助けてくれるというのかわからないまま、とりあえず老僧の後ろに座る。

「あんた、肩は凝ってないか？　左肩は痛くないか？」

仏壇の前に座った老僧は、いきなり尋ねてきた。

「その通りです。肩が痛くて、左腕が上げられないぐらいです」

ずばり当てられたことに驚きながら、私は素直に告げた。

「私があんたを呼び止めたのは、その肩に二人の霊が憑いているのが見えたからじゃ。あんたは霊能力が強い。だから霊も憑きやすい。今からその霊を除霊してやろうと思うが、どうかな？」

事の成り行きに戸惑いながらも、私には断る理由はなかった。

お願いしますと言うと、老僧は後ろに座っている私に聖水を降りかけ、一心に拝みはじめた。

その途端だった。私は肩に異様な重さを感じ、ガクン！　と肩が下がってしまった。物凄い重さと耐え難い痛みが走る。我慢できないと思った瞬間。

「ギャァァァァ！」という凄まじい叫び声がした。

どこから聞こえたのかはわからなかったが、叫び声が聞こえたと同時に、私の肩は嘘のように軽くなっていた。

「どうじゃ？」

老僧はお経が終わると振り返り、問いかけてきた。

「あの叫び声は何ですか？」

不可解な疑問を私は口にした。

「あんたに憑いていた、男女二人、それと老人の霊じゃ」

それだけでもゾッとしたのだが、老僧はさらに続けた。

「どうやらタイまで日本から憑いてきたようじゃ。もう心配はない、退散したからな。どうじゃ、肩は痛くないじゃろ？」

老僧は皺をさらに増やして笑みを浮かべた。そして、私を部屋に残して奥へ立ち去っていった。待っていても、それっきり出てくることはなかった。

仕方なく、礼も言えずに部屋を辞し、私は階段を下りて外へ出た。ちょうど、はぐれたワーカーが私を見つけてくれたので、今あったことを話しながら一緒に帰路についた。


それから一週間が経った。

首や肩の痛みはすっかり無くなり、気持ちよく仕事をこなしていた。

ワーカーたちにタイの習わしをよく聞き、あの老僧にお礼をしようと、様々な供物を買い込んでまた寺に向かった。すぐに見つかるだろうと、あの老僧を探したがなかなか見つからない。寺中を探し回ったが、どこにも居ないのだ。

あの日、老僧が声をかけてくれた場所にも行ってみた。そこには眼鏡をかけた別の僧侶がいて、老僧と同じように木陰で本を開いていた。

私は除霊してくれた老僧を探しているということを日本語で尋ねてみた。幸運なことに、この僧侶も日本語が話せた。そこで老僧の姿、話しぶりなどを細かく伝えた。

一生懸命に聞いてくれたその僧侶は、思いがけないことを口にした。「私の師匠かも知れない」と言うのだ。

寺には大勢の僧侶がいるので、老僧が見つかってほっとした。すぐに私を案内して、本堂の奥の間に連れて行ってくれる。私は会ってお礼ができることに安堵した。

ところが……。

確かにそこに居たのは、一週間前に除霊してくれた老僧だった。

静かに目を閉じ、座禅を組んでいる、あの老僧の蝋人形が置かれていた。弟子らしき僧侶は、その蝋人形に丁寧に手を合わせた後、信じられないことを話しはじめた。

「私の師匠はもう十五年前に亡くなりました。その功績を称えるために、このような蝋人形やお守りを作っています。なぜ師匠があなたの前に現れたかは知りません。しかし、あなたに憑いていた悪霊を祓い、あなたを助けたことは事実でしょう。生前も同じでしたから。多くの悩める人たちを助けていました。私も見習わなくては……」

慈しむように話した後、弟子の僧侶は静かに経を唱えはじめた。

「私は……幽霊から、幽霊を除霊されたのか？」

蝋人形は、老僧に生き写しの皺だらけの顔をしていた。

私は唖然としたまま、立つこともできず、手を合わせ続けた。

投稿者　ＭＡＳＡ（男性・タイ）

特別寄稿

遥けき彼岸と煩悩に満ちた此岸とを結ぶ選ばれし者たちが居る。
亡き者との縁を語り継ぎ、綴り続ける特異なる生業。
紡がれた渾身の怪異譚に震撼するもよし、救われるもよし。

お姉ちゃん

これは私の友達、A君のお話です。

彼はいまアルバイトで配達の仕事をしています。軽バンに荷物を乗せて一日に何軒もの家を訪問するのですが、けっこう田舎に配属されているため、お客のほとんどが老人だそうです。田舎故なのか老人故なのか、時たま配達のお礼にお菓子なんかも貰ったりして、なんだかんだと楽しく働いていたそうです。

仕事にも慣れてきたある日、いつものように配達をしていたのですが、その日はやたらと子どもが出迎えてくれるのです。この町にこんなにたくさん子どもがいたのかと感心しつつ、スマートフォンを見て気づきました。

(ああ、そうか、今日はクリスマスイブか……)

子どもたちはサンタクロースが来たんじゃないかと、玄関まで走って出迎えていたのです。

サンタじゃなくてこんなおじさんで申し訳ないなぁ、なんて思いながら彼は仕事を再開しました。

そして次の配達先である一軒家に着き、インターホンを押しました。

ピンポーン！

「はい」

「お荷物です」

「はーい」

ドアが開くと三十代くらいの男性が出てきました。

いつも通り荷物を渡しサインを貰おうとボールペンを出していると、男性の後ろからひょっこりと二歳ぐらいの女の子が顔を出しました。男性の娘さんだそうで、父親の影に隠れながらもじっとこちらを見ています。

その様子がなんだかとても可愛らしくて、彼は「ごめんねぇ、サンタさんじゃないんだよ～」と笑いながら女の子に話しかけました。

すると女の子が不思議そうな顔をしながら一言。

「……お姉ちゃん」、と。

思いがけない一言に、彼は笑ってしまいました。

女の子の父親も笑いながら「お姉ちゃんじゃないよ、お兄さんだよ」と女の子の言葉を優しく訂正します。しかし女の子はそれでも、

「お姉ちゃん」

「お姉ちゃん」

そう繰り返すのです。

彼は身長が一八〇センチほどあり、髭面でとても女性には見えません。

そんな彼に向かって女の子はお姉ちゃんと言うのです。父親もこれにはすみませんと苦笑するしかありませんでした。彼もいえいえと笑いながら、もう一度女の子に目を向けたその時、ゾッとしました。

女の子の目線は彼にではなく、彼の右肩に真っ直ぐ向けられていたのです!

彼は女の子の顔を見詰めているのですが、女の子と目線が合わない。

やはり右肩あたりを女の子が凝視していることは一目瞭然でした。彼は思わず右側を振り返りましたが、そこには誰もいません。

女の子は彼ではなく、右肩にいる〝お姉ちゃん〟に向かって話しかけていたのだろうか。

そう思うと急に背筋が寒くなり、足早にサインを受け取りその家を後にしました。

私がこの話を彼から聞いたのには、ある経緯があります。

それは、私のアルバイト先にいる先輩の助言から始まりました。

その先輩は霊感がとても強く、怖い話が大好きな私はいつもその先輩に色々な怪談を聞かせてもらっていました。

ある日、怪談話の流れで先輩が突然、「私、写真見ただけでも、変なモノが憑いてる人がわかるんだ」と言い出しました。

私はテンションが上がり、少し前に撮った友達との集合写真を先輩に見せました。

写真には先ほどの彼と私を含む男女八人が写っており、もしこの中で、誰かに何かが憑いていたらみんなでネタにしてやろうというぐらいの気持ちでした。

「この中に、何か憑いてる人いますか?」

テンションも高めな私に比べて、先輩はとても神妙な顔をしながら「この人」、と真っ先に彼を指さしたのです。

私はその即答ぶりにテンションマックスになり、

「えーっ!　そんなん、すぐにわかるんですか?　具体的にどんなものが憑いてるんですか?」と畳み掛けました。

「女の人やね。右肩にハッキリ見える。これは良くないなぁ。早急にお祓いに行った方がいい」

先輩の余りのトーンの低さに私も只事ではないと気づき、その夜すぐ彼に電話をしました。そして前述の経緯を彼から聞いたのです。

余談ですが、写真に写っている他の友達には何も憑いてはいなかったものの、私には数年前に女の子が憑いていた〝痕〟があると言われました。

確かに数年前、霊感のある父にいきなり背中を叩かれ、女の子が憑いていたと言われたことがあります。

怖くなったので後日、私は彼を連れて神社へお祓いを受けに行きました。お祓いに行った翌日、アルバイト先に着くなり先輩に、

「あ、リサちゃん、お祓いに行ったんやね」と話しかけられ、ある意味ゾッとしました。

「先輩そんなこともわかるんですか！　じつは昨日お祓い行ってきたんですよ。彼も一緒に行ったんですけど……」

私はお祓い後の彼の写真を先輩に見せました。

「う〜ん、祓いきれてないねぇ。薄くはなってるけど……」

と、先輩はバッサリ。

今のところ彼の身に何も起きていませんが、〝お姉ちゃん〟がいなくなるまで、しばらくお祓いデートに付き合ってあげようと思います。

特別寄稿　リサ（フタエ・アーティスト、シンガーソングライター）

帰って来た

父の実家は、東も北も西も屏風のような山に囲まれた盆地で、美濃和紙の紙漉きの村だった。ぼくは毎年、夏休みになると、パンツとシャツの着替えだけを持たされて、必ず何日も泊まりに行かされた。

そこには、同い年の冨貴子と三つ年上の彩瑛子という従姉妹がいて、寝るときはいつも一緒だ。

村には楽しみも少なくて、夜になると大人たちが集まって、酒を飲んだりしながらいろいろな話をする。

ぼくらはその話が聞きたくて、襖越しに布団の中で聞いていた。

「五十嵐さんとこ、戻ってきんさったなあ」

「ああ、あれも不思議な話やで……」

山に囲まれた小さな盆地だ。ここから出て行く人はいても、入ってくる人は少ない。子供も年々少なくなっていく。だから、ぼくらは可愛がられたんだろう。

ある時、村には珍しく新婚の夫婦が越してきた。

村の人たちも大変喜んで、歓迎会まで開いた。旦那さんは三十を過ぎたくらい。奥さんはまだ二十代だった。

昼間は、会社員の旦那さんは美濃町の会社に出かける。

奥さんは、毎朝村の入り口の郵便局前にあるバス停まで送りに行く。そして、そのあと村のそれは和紙の原料となるコウゾの樹皮を冷たい川の水で晒したり、紙と紙の間に挟み入れるモミジを採ってきたりと、ぼくらが考え想像するよりもずっと大変な仕事だ。

それから旦那さんが帰ってくる頃、またバス停に迎えに行って、二人手をつないで帰ってくる。

「なにが、そんなにええんじゃ」

「ほうほう、若けえのう」

などと冷やかされながらも、みんなでこの夫婦を温かく見守っていた。

数年して、奥さんのお腹が大きくなった。

奥さんが、ちょっとでも大きな駕籠をかかえようものなら、

「ええって、ええって。わしらがやるで」って、みんなで取り上げて、重いものを持たせない。

「洗濯物ないかね。遠慮せんと出したりゃあよ。買い物したろか？」

「うちで、肉じゃが作ったで、美味ないかも知れんけど、食べたってちょうでえ」などと、本当にみんなで二人を可愛がった。

そして、めでたく女の子が生まれた。

里で生まれたので、里子と命名された。


村の人たちは、赤ちゃんの泣き声まで聞きに来る。

「ほうほう。ええ声で泣いとらっせるねえ」

「かわいい声やのう」

「おむつ、替えせて！」

などと言ってやって来る。

オッパイを飲ませているときも、みんなで取り囲むので恥ずかしかったらしい。

ところが、そんな幸せな日々はある日突然終わってしまった。

夜中に赤ちゃんが熱を出したのだ。

「市原さん！　市原さん！　助けてちょうでぇ！　里子が！」

「頭を冷やせ！　救急車よべ！」

「あかん。一時間以上かかる。往復したら二時間もかかる。車出したる。はよ運べ！」

そんな努力もむなしく、赤ちゃんは呆気なく亡くなってしまった。

村はぽっかりと穴の開いたような、むなしさに包まれた。

毎日送り迎えをしていた奥さんも姿を見せなくなり、ずっと泣き暮らしていたようだ。

そんな奥さんを心配して……とうとう旦那さんは決断をした。

「こんな悲しい思いのままで、ここで暮らすのはやめよう。この村を出て行って、もっと別の場所でやり直そう」

夏のある日、二人は岐阜の町なかに部屋を借りて、越していくことになった。


そして、越していく日。

二人は世話になった村人たちの家を一軒一軒まわって、「お世話になりました。ありがとうございました」と挨拶をしていった。

バスに乗って村を出て、美濃町から電車に乗り換える頃には、あたりは薄暗くなり、遠くに見える山々がシルエットになっていく。

電車はたった一両の小さな電車で、前後にはデッキがあって、二人は離れていく山の向こうのあの村を心に刻みつけようと思い、そこに立った。

美濃町の明かりが、遠ざかっていく。

これが最後だ。そう思って二人は肩を寄せ合った。

その時だった。

山の向こうから、小さな灯りがフッと上ったかと思うと、その山を駆け下りるようにして美濃町の明かりに混ざった。

そして、そこから抜け出るようにして、その小さな灯りが電車の後を道に敷設された線路ぎりぎりの低さで追いかけてくるのだ。

「なんだろう、あれは?」

「蛍?」

やがて灯りは、電車の直ぐ近くまでやって来た。

「ああ、あれは!」

それは初め、光の玉のように見えた。

ところがよく見ると、光の中で、小さな赤ん坊が必死になって両手を伸ばしていたのだ。

「あなた、里子が！」

「ああっ、里子だ！」

それはまるで、

「おとうさん、おかあさん。私をおいて行かないで！」

とでも言うように、まだ、はいはいも出来なかった里子が、小さな素足のままで駆けているのだ。

「降りよう。次の駅で降りよう！」

こうして二人は、次の日に村に戻ってきたのだった。

「ほんとになぁ……不思議な話やて」

ぼくらは、泣きながら震えていた。

「聞かなんだらよかったな」

「いややなぁ」

「赤ちゃんが、飛んでくるんやで。まってぇって」

その夜は、三人ひとつの布団で寝た。

朝起きたら、オネショをしていて、三人ともビショビショだった。

ぼくがしたのか、富貴子がしたのか、彩瑛ちゃんがしたのかは謎である。

特別寄稿　山田ゴロ〈マンガ家／日本漫画家協会〈参与〉〉

海を越えて

ひと言で怪異と言っても、本当に様々な現象を見聞きする。

幽霊が出るもの出ないもの、未来予知や神がかった不思議な体験など。

これは、知人から伺った奇妙な体験談である。

二十年近く前、彼が大学生のときにアメリカ人と文通をしていた時の話。

元々は友人が、とあるペンフレンド協会を通してアメリカの家庭と文通をしていたのだが、日本人と文通したがっている友人がいるらしいからどうかと誘われて、興味があったので話に乗った。

てっきり自分もその協会に入会する流れになると思っていたのだが、数日後に唐突に相手の住所を教えられた。

いきなり何を書いたらいいのかさっぱりわからないし、そもそも自分の中学英語で果たして通じるのだろうかと不安になりながら、和英辞書を片手になんとか手紙を書き上げた。

自分は大学生の男で、○○県に家族と住んでいる。

好きな食べ物は寿司と刺身で、趣味はゲームだとか、日本に来たことはあるかとか、当たり障りのない内容だったと思う。


数週間後に返事が届いた。

文通の相手はエリッサという十七歳の少女だった。

彼女は学校や家族のことをたくさん教えてくれた。

日本人と交流したいと思っていた、と書かれていたのがとても嬉しかった。

エリッサと文通を始めて一年が経過した頃、彼女からの手紙の内容に変化が見られた。

やたらと友人の悪口を書いてくるようになったのだ。

しかしまぁ、彼女ぐらいの年頃だと悪口もコミュニケーションのひとつで、実生活から遠く離れている自分に話すことでストレスを発散したいのだろうと思った。

ある時、エリッサからこう尋ねられた。

「あなたには嫌いな友人はいるか？」

私は、アルバイト先の嫌いな上司のことを書いた。

休みを申請すれば学生のくせにと文句を言われ、機嫌が悪い時は勤務中に悪態をつかれ、バイト仲間全員に煙たがられている上司だったのだ。

それ以降、エリッサからの返信がパタリと途絶えた。

三ヶ月ほど経過して、忙しいのか、このままフェードアウトして終わるのかなと思い始めた頃に返事が届いた。

開封して、書かれていた内容の衝撃にしばらく呆然としてしまった。

「上司は死んだか？」

私の読み間違えではないかと、何度も辞書で調べ直したが、手紙には確実にそう書かれていた。

「私は魔女の血を受け継いでいて、あなたの嫌いな人に呪いをかけた」

「私の力は日本まで届いているだろうか？」

「試したい、他にも嫌いな友人のことを書いて欲しい」

私は頭が真っ白になり、しばらく返事を書くことが出来なかった。

紹介してくれた友人に相談しようかとも思ったが、そもそも協会を通さずに勝手に始めた交流だったので、面倒なことになるのも嫌でやめた。

このままフェードアウトしてしまおうかとも悩んだが、手紙の内容があまりにも恐ろしかったので、彼女を怒らせないよう気をつけながら、今後は大学が忙しくなるので、あまり返事を書くことができないかも知れないと遠回りな決別を書いて投函した。

例の上司は、エリッサから返信が届く二ヶ月ほど前に、事故で大怪我を負い入院していた。

あまりにも不運な偶然が重なり合った事故だったので、日頃の行いのバチが当たったのだとみんなで話していたのだ。

ただの偶然だと、私は自分に言い聞かせた。

エリッサに大嫌いな上司の話をしたら、彼女がその上司に呪いをかけ、その直後に上司は事故に遭った。

偶然に決まっている。

魔女なんて存在するはずがない。

考えれば考えるほど、心の中で不安と恐怖が大きくなるような気がして、もうこのことは忘れることにした。

結局、返信は来ないまま私は大学を卒業し、地元の工務店に就職した。

ようやく一人前に社会人生活を送れるようになった頃に、エリッサから手紙が届いた。

一瞬だけ当時の恐怖がよみがえった。

よく見ると筆跡がエリッサとは違うようだった。

読み進むにつれて、手紙を持つ手が震えた。

頭の中がすーっと当時の頃に戻っていく感覚にふらついた。

「これを書いているのはエリッサの母です。エリッサは亡くなりました。彼女がこれまであなたに何を書いていたのかわかりませんが、エリッサはあなたに好意を寄せていました。でも、あなたはこの文通を終わらせたいと考えていたようですね？　彼女の悲しみを、あなたは一生忘れないでしょう」

血の気が引いていく頭の中で、私は当時のエリッサの手紙の文章を克明に思い出していた。

「私は母親から魔女の血を受け継いでいる」

特別寄稿　保志乃 弓季（オカルト探求者／心霊ナレーター）

顔を盗む

Fさんという女性から聞いた。

まだ結婚して五年ほどしか経っていない頃のことだったという。旦那さんが浮かない顔をしているのに気付いた。なんだか悩み事があるようだと察して訊いてみた。その危惧は当たっており、とても恥ずかしいことなんだけれど……と旦那さんは重い口を開いた。

職場のある先輩が、旦那さんにスマホを向けて写真を撮ってくるのだという。その先輩というのがよりにもよって、同性であった。不健康に太り、旦那さんとは一つか二つくらいしか歳はかわらないというのにすっかり頭が薄くなっていて、同性から見てもイケていない、いかにもモテなさそうな〝キショい〟人なのだという。

被写体として良いのだと言いながら、スマホを向けて旦那さんの写真を何枚か撮る。その一日だけならまあ許容もできるのだけれど、日によって違うとか言いながら結構な頻度で撮影するのだ。それに加えて、旦那さんは気付いていないだけで、同僚から教えられて知ったのだけれど、隠れても撮られているようだった。

撮影されているということが鬱陶しくなっているというのもあるし、そんな嬉しくない執着がどうにも気持ち悪いので、先輩への遠慮も我慢の限界となり、止めるように言ってみた。すると、表だっての撮影は止んだけれど、隠し撮りは継続しているようだった。実は盗み撮りは続いているのだと同僚から教えられ、どうしたものかと悩んでいたというのだ。

Fさんは、それはもっと強く拒絶の意を伝えるべきだと旦那さんにアドバイスした。会社に相談してもいいのではないかとも、自分の考えを述べた。旦那さんは、奥さんであるFさんの後押しが効いたようだった。先輩に「それはハラスメントに当たるのではないか。会社に訴え出ますよ」と言ってみたのだ。

先輩はちょっと困ったような顔をしたけれど、すぐにヘラヘラと笑って、「君にはわからないかなあ。そうだ、ここではどうかと思うので、ちゃんと話そう」と喫茶店に誘ってきた。ちょっと気持ち悪くはあるけれど、これで最後にできるだろうと付き合うことにした。

店に入ると先輩は、一個のパフェを頼んで二人で一緒に食べようと言い出した。まるで恋愛対象にされているようだと怖れすら覚えた旦那さんは当然、断った。先輩はしぶしぶ諦めたが、フォトアルバムを旦那さんの前に置いた。

そのアルバムには、旦那さんのコラージュ写真が多数収まっていた。如来、観音、明王、諸天……様々な仏像の頭部だけが旦那さんになっている。そんな、罰当たりにも思えるし、自分の顔を無生物に付けられたちょっと薄気味悪いコラージュだった。何より、その発想に異常性を覚える。

「これがFくんのイメージだよ。君はなんというか、神々しいですね。盗んでまでも貼り付けたい、良いお顔ですよね」

先輩は潤んだ目で旦那さんを見つめている。旦那さんはなんだか、ゾワッとした。体中に鳥肌が立っている。

これはハラスメントになるから止めるようにと念を押して、旦那さんはその喫茶店を後にした。

その後も先輩は証拠をつかまれないように隠し撮りは続けていたようだけれど、それ以上のことはしなかった。家まで来るとか、電話してくるとか、そういうのはなかった。表面上は止めているので、陰ではどうかわからないが、それ以上どうしようもないので、我慢していた。

その先輩は他にも男性の写真を撮っていた。しかし、コラージュまで作っているのは旦那さんだけのようだった。同じように先輩の〝被害〟を被っているという友人から、そんな現状を知ったのだ。その友人は尻とか前とかを撫でられたことがあるという。止めろというと、冗談だと笑ったそうだ。どうも先輩からすると、男同士ではその程度の接触はわいせつ行為にはあたらないという考えのようだった。幸いと言って良いのだろう、旦那さんにはそんな物理的な接触はなかった。コラージュとお触りとどっちが良いのかわからないけれど、いずれにせよ嬉しくはないことだった。

しばらくしてその先輩を会社で見かけなくなった。退社したのだ。自ら辞めたのか、辞めさせられたのかは不明だが、もう同僚ではなくなった。生活圏も遠く離れていてくれたら良いとは思うけれどそこまではわからない。ただ、周囲では姿を見ることがなくなった。それで旦那さんはホッとした。

悩みがなくなって、Fさんも喜んでいたのもつかの間、旦那さんは交通事故で亡くなった。

恐ろしい事に、旦那さんの顔はひどく潰れてしまっていた。

よりによって顔である。仏像の顔と入れ替えられていた、あの顔が本人の体から無くなってしまったのだ。

なんだか、あの先輩のコラージュ写真に旦那さんの顔を取られたみたいで、Fさんはとても不快だという。いいがかりかも知れないけれど、変態の執着が、私の愛に勝つのかと理不尽さを感じるのだという。

厭なことに、上手く言えないけれど旦那さんの遺影も、顔を吸い取られたかのように本人らしさがないような、そんな違和感があるのだそうだ。

特別寄稿　朱雀門出（作家）

許しを乞う人

「幽霊を見るときはやなぁ、なんか出そうで、気持ち悪いと思てるときは意外と見たりせんもんなんや」

いきなり、井上（仮名）さんは、そんなことを言いはじめた。

「どんなときに見るかというとやなぁ、まぁこれは俺の場合やけど、絵を描いたりして集中を続けた後やなぁ。なんやこう、グターッと疲れてしもたときによう見るんや」

普通、霊に遭遇するのは、まわりの雰囲気がいかにも妖しいときに、満を持して暗がりからスゥーッと現れるというのが定番だと思っていたが、どうやらそうでもないらしい。

いや、そう言われればそうかも知れない。

読者からの怪異な投稿を読んでいても、怪奇現象は唐突に起こることが多いようだ。

仕事中、ふと後に気配を感じるとか……。深夜、寝ていると唐突に二階の窓を何かがノックする、といった具合に。

井上さんの家は、もともとは農家である。

京都と奈良の県境近くに位置する古い村で、彼は生まれ育った。どことなく陰気なその村には、何代も続くがっしりとした造りの旧家が数多くある。

村の中の道は細く、車一台が走るのがやっとで、いったん村の中に入ってしまうと蛇のようにくねくねと左右に曲がる道を抜けてしまうまで、対向車とすれ違うことも難しい。村の中の交通は、いきおい自転車やバイク、それに農家の軽トラぐらいになる。

また夜ともなれば、ぽつんぽつんと灯る常夜灯の白々とした明かりしかない。

家々はしっかりと戸締まりをした後、明かりが漏れることを忌み嫌うかのように、黒々とした家の影の中に沈み込んでいる。家人たちの話す声など、どの家からも漏れてこない。時折り、犬の遠吠えが風に乗って運ばれてくるだけだ。人々はまるで闇を恐れるかのように、安全な家の中に閉じこもり、生きる者としての気配を殺しているようだった。


彼は某芸術系大学で学生たちに美術を教えていた。

やる気があるのかないのか、何を考えているのか掴めない今どきの学生たちに、その日はクロッキーの実習を行った。

数十人いる学生の全員に、やっとのことで課題を提出させるところまでこぎつけたが、一枚一枚真剣に講評と採点を記し終えた頃には、とうに深夜に近い時間になっていた。

頭の芯がジーンと痺れるような疲れを纏(まと)ったまま、最終電車の駅から誰もいない村の道をとぼとぼと歩いて帰っていた。

先ほどから生欠伸ばかりが出る。肩は鉛を巻いたように、ズシッと凝っている。季節は春だが、通りを吹き抜ける風は冬の名残を忍ばせていた。

村の狭い道は少し上ってから、彼の家の方に下っていく。その上がり切ったところには墓地があった。古くからある村の墓地だ。

月明かりの薄暗い道を上がり、墓地の横を歩いていたとき。ふと、墓地の奥に有るか無しかの気配を感じた。歩を緩め、林立する墓石の間に目を凝らした。

するとそこに……誰かが、居た。

静かに、墓石に手を合わせている。

ただ、深夜の時間帯である。人がお参りする時間ではない。しかし、別段怖いとは思わなかった。それが仮に幽霊だったとしても、この村では、怪異は日常茶飯事に起こっているからである。

彼は、たった今見たものを脳裏に刻んで家に帰った。

まだ起きていた妻に、さっき墓地で目撃した者の風体をつぶさに話す。奥さんは黙って話を聞いていたが、ぼそっと答えた。

「その人、田中家（仮名）のお婆ちゃんと違うかなぁ……」

「ふ〜ん。そやけど田中さんとこのお婆ちゃん、だいぶ前に死んだんやで」

彼の反論は妻も承知の上だった。

先ほども述べたが、この村では霊に遭遇した、人魂を見たなどは当たり前のこととして受け入れられているのだ。


田中家のお婆ちゃんは、じつは身寄りがなかったらしい。

お婆ちゃんは、この村に他所から嫁いできた。間もなくひとり息子ができたものの、夫とは相性が悪かった。家の者もことごとく夫の肩を持つようになり、お婆ちゃんは居場所が無くなっていった。

古い因習と偏見に満ちた狭い村の中ではあるが、お婆ちゃんに同情する者もいた。その中のある男は親身だった。ある日、お婆ちゃんは悩み抜いた末、ひとり息子を置いて、その男と駆け落ちのように出奔してしまったのだ。

もちろん、村いちばんのスキャンダルである。

今でこそ掃いて捨てるほどある浮気話かも知れないが、当時としてはとんでもなく大胆な所業だった。

しかし、やがて一緒に逃げた相手の男が亡くなってしまう。

お婆ちゃんは異土で、ひとりぼっちになってしまった。勝手に村を捨てて数十年、人々の記憶からはそんな事実はほぼ消え失せてはいたが、今さらお婆ちゃんは村へ帰れるはずもなかった。

ひっそりと侘びしい一人暮らしを送りつつも、思い出すのは村に残してきた幼かったひとり息子のことだった。数少ない縁者からの風の便りでは、息子は嫁をもらい、村の懐かしいお婆ちゃんが嫁いできたあの家に住んでいるという。

逢いたい……死ぬ前に、もう一度だけ息子に逢いたい……。

逢って、自分の身勝手を心から謝りたかった。

遠く離れた地で、年老いて朽ち果てる前に、お婆ちゃんは大きな罪を詫びてつぐないたかった。

そんな思いが通じたのだろうか。人づてに、ひとり息子が哀れと思ってくれたのか、引き取ってもいいという話が届いた。

お婆ちゃんは、毎日毎日感謝の涙を流しながら、息子の元に帰れる日を心待ちにしていた。

そして、最後の夢はやっと叶うことになる。

小さくなって、腰も曲がってしまったお婆ちゃんは、何十年ぶりかに村に帰ってきた。息子は非難めいたことを何も言わず、ただ黙って年老いた母を迎えた。

そのまま静かに余生を送るのだろうか……。事情を知る数少ない村の者はそう思っていた。

しかし……。

気弱な息子とは違い、嫁は逆に気の強い冷たい女だった。

初めのうちこそ、お婆ちゃんに愛想よくしていたが、そんな上っ面の親切はすぐに化けの皮が剥がれる。だんだん冷たさの本性が現れてきた嫁は、突然転がり込んできたお婆ちゃんを疎ましく思いはじめ、事あるごとに辛く当たるようになっていった。

それでもお婆ちゃんは、自分に非がある過去を背負っているせいか、すべてを受け入れ、どんなイジメを受けても息子に告げ口ひとつしなかった。

やがて、図に乗った嫁は、次第にお婆ちゃんに食事を与えなくなる。

「なんか、食欲がないらしいよ、お婆ちゃん……」

何も知らない息子にはそんな嘘をついていた。

お婆ちゃんが衰弱するのに時間はかからなかった。ものの一ヶ月もしないうちに、水しか喉を通さなくなったお婆ちゃんは、寝たきりになってしまった。

「……ああ、これは罰なんじゃなぁ、これでええんじゃ、これで」

寒い冬の夜、お婆ちゃんは自分の愚かな過ちを悔いながら、寂しい笑顔をひとつ浮かべた後、ひっそりと息を引き取った。

たった一人で家に帰ってきて、今また、たった一人であの世に旅立ったのである。

井上さんが深夜の墓地で見たというもの。

それは亡くなったお婆ちゃんだったのではないのか。

林立する古ぼけたお墓の奥で、ぼうっと白く光りながらしゃがみ込み、一心にお墓を拝んでいた。

地味な着物の上に割ぽう着をまとい、頭には日本手拭いを姉さん被りにしていたその姿は、お婆ちゃんが嫁いできた頃の姿そのままだった。

井上さんが思わず声をかけようと思った瞬間、お婆ちゃんはしゃがんだまま、すぅーっと消えてしまった。

彼は急いで、お婆ちゃんのいた辺りに駆け寄った。しかし、そこには闇が広がるだけで何もなかった。

あるのは近年まで土葬されていた墓があるだけだった。

そして、消えたお婆ちゃんが手を合わせていた墓石こそ、田中家代々の墓だった。

お婆ちゃんは死してもなお、田中家に許しを乞うているのだろうか……。


雲谷斎（怪談作家／逢魔プロジェクト主宰）

◎本書はＷｅｂサイト「逢魔が時物語」に投稿されたものを
編集、文庫化したものです。

文庫ぎんが堂

怖すぎる実話怪談
亡者の章

２０２１年６月２０日　初版第１刷発行

編著者　結城伸夫＋逢魔プロジェクト

ブックデザイン　タカハシデザイン室

発行人　北畠夏影
発行所　株式会社イースト・プレス
〒１０１－００５１ 東京都千代田区神田神保町２－４－７ 久月神田ビル
TEL ０３－５２１３－４７００　FAX ０３－５２１３－４７０１
https://www.eastpress.co.jp/

印刷所　中央精版印刷株式会社

ISBN978-4-7816-7203-8